UN PONT
ENTRE DEUX CUISINES
ET DEUX CŒURS

© 2025, Marïa Guégan

Illustrations : Marion Aupied
Relecture et maquette : Murielle Neveux

Édition : BoD · Books on Demand, 31 avenue Saint-Rémy, 57600 Forbach, bod@bod.fr
Impression : Libri Plureos GmbH, Friedensallee 273, 22763 Hamburg (Allemagne)

ISBN : 978-2-3225-5423-2

Dépôt légal : Juin 2025

Marïa Guégan

*UN PONT
ENTRE DEUX CUISINES
ET DEUX CŒURS*

Illustrations : Marion Aupied

« Il n'y a pas de bonne cuisine si, au départ, elle n'est pas faite par amour, pour ceux à qui elle est destinée. »

Paul BOCUSE

Préambule

Je suis née en 1986 à Rennes, d'un père marocain et d'une mère bretonne, un amour né sur les bancs d'un campus au Mans, au croisement de deux cultures. Cette rencontre a tracé une route qui, des côtes bretonnes aux ruelles de Marrakech, a façonné mon histoire et mon identité. Dans les cuisines de mes deux grands-mères, ces femmes d'une tendresse infinie, j'ai appris que la nourriture est bien plus qu'un assemblage d'ingrédients : c'est une manière d'aimer, de transmettre, de raconter.

Le far breton aux pruneaux, dense et réconfortant, porte en lui la mémoire des dimanches passés chez Mémé Marie, où l'air salé de la mer se mêlait aux effluves sucrés du gâteau sortant du four. Le poulet Mhamer, parfumé au citron confit et au safran, évoque les grandes tablées de Lala Fatima à Marrakech, où la générosité se servait dans chaque assiette. Ces plats, simples et profondément enracinés dans leurs traditions, sont devenus ma boussole, me guidant à travers le temps et les continents européen et africain.

Dans ma mémoire, la cuisine de mes deux grands-mères est une terre enchantée, un lieu où le temps s'efface pour cé-

der la place à la magie. Chez Mémé Marie, dans sa maison à Pordic en Bretagne, ou chez Lala Fatima, à Marrakech, la cuisine est un sanctuaire, un doux trésor qui s'enracine profondément dans mon cœur. Là, elles exerçaient un art qui allait bien au-delà de la simple préparation des repas : elles insufflaient de l'amour dans chaque geste, transformant des ingrédients simples en festins mémorables.

Mémé Marie avait ce don unique de préparer des galettes au sarrasin ou une blanquette de veau avec une simplicité si touchante qu'on en oubliait les soucis du jour. Quand elle pétrissait la pâte, ses mains semblaient raconter des histoires, celles d'un jardin rempli de pommiers et de souvenirs d'anciens marchés bretons. À chacune de mes vacances passées avec elle, je m'émerveillais de sa manière de murmurer à demi-mot ses recettes comme une prière secrète, tout en me demandant d'éplucher des pommes ou de surveiller le feu sous la poêle.

Lala Fatima, elle, régnait dans sa cuisine comme une reine dans un palais d'épices. À Marrakech, dans sa maison où je pouvais tout faire - ou presque tout - elle préparait une superbe salade colorée fraîche ou un tajine au poulet fermier et aux aubergines, assoupies dans l'huile d'olive chaude, devenant un velours qui caresse la langue. Son rire éclatait comme un écho à ses gestes précis lorsqu'elle me confiait la tâche de laver les herbes fraîches telles que la coriandre ou le persil plat, ou de moudre des grains de cumin. Ses recettes étaient toujours accompagnées de contes ou d'anecdotes tirées de sa propre enfance, et je restais suspendue à ses paroles comme on écoute un poème.

C'était dans ces cuisines que je me sentais la plus vivante. En Bretagne, Mémé Marie parlait avec pudeur de mon grand-père, de leurs récoltes de pommes et des jours heureux sous le ciel gris bleu. À Marrakech, Lala Fatima récitait des bénédictions tout en remuant un bouillon parfumé, offrant ses prières non seulement pour nous, mais aussi pour ses voisins ou ceux qui avaient frappé à sa porte en quête de réconfort.

Elles se connaissaient et s'aimaient, ces deux femmes, et chacune à sa manière m'a enseigné la même chose : que cuisiner, c'est bien plus que nourrir, c'est aimer, partager, guérir et unir. Aujourd'hui, chaque plat que je prépare porte un peu de ces souvenirs, une pincée de leur sagesse, une touche de leur affection. À chaque bouchée, je revis leurs rires, leurs gestes, leurs prières, et je me sens à nouveau chez moi, dans leurs cuisines, là où tout commence et où rien ne se perd.

Les souvenirs de mes deux grands-mères, à Marrakech et à Pordic, forment une constellation d'images et de parfums, un univers tissé d'amour, de traditions et d'enchantement. La cuisine, ce lieu où elles passaient des heures à pétrir, mijoter, et raconter leurs histoires, était un sanctuaire où se transmettaient savoirs et affections, un pont entre les générations.

À Marrakech, la cuisine de Lala Fatima débordait d'épices chatoyantes et de plantes odorantes. Le safran teintait le couscous de son or, le cumin et la coriandre s'invitaient dans chaque tajine, et les senteurs du thé à la menthe flottaient dans l'air comme une douce mélodie. Lala Fatima m'apprenait à reconnaître les bonnes herbes au marché, à émincer les légumes avec précision, et à ne jamais oublier de prononcer une bénédiction sur ce que nous cuisinions. Chaque plat était une offrande à la vie, une preuve d'amour pour ceux qui partageaient la table.

À Pordic, la cuisine de Mémé Marie respirait la Bretagne : le beurre salé enrichissait chaque galette, les pommes du jardin se transformaient en tartes dorées, et la blanquette de veau mijotait doucement sur le coin du poêle. Elle parlait peu, mais ses gestes suffisaient. À travers ses mains, j'apprenais la patience et la générosité : attendre que la pâte lève, goûter *jusqu'à ce que le goût soit juste, offrir toujours une part de gâteau à un voisin de passage.*

Ces deux femmes, si différentes, avaient en commun un don : celui de faire de la cuisine un espace où l'on oubliait le temps, où les douleurs s'estompaient, où la vie reprenait son souffle. Après la perte de ma mère, partie trop tôt, à l'aube de sa vie, j'ai grandi entre les mains aimantes de mon père, qui m'a transmis non seulement les recettes qu'elle aimait, mais aussi son respect pour l'art de cuisiner. Il m'a appris que dans la préparation d'un plat, il y a bien plus que des gestes ou des ingrédients : il y a la mémoire de ceux que nous avons aimés, la trace de leur passage, et l'écho de leurs rires.

Revenir à ces souvenirs, c'est plonger dans un mélange d'arômes et d'émotions, un univers où chaque épice, chaque assiette, raconte une histoire. Les cuisines de mes grands-mères n'étaient pas seulement des lieux de travail : elles étaient des mondes en soi, qui m'ont vue devenir une passeuse d'histoires et une gardienne d'héritages. Aujourd'hui, quand je prépare un plat, j'entends encore leurs voix, je revois leurs gestes. Et je sais que, dans chaque bouchée, elles sont toujours là.

Ma petite étoile

Par Fouad El Mazouni

Tu es née sous une pluie intense, comme si le ciel avait voulu purifier la terre pour accueillir ton arrivée. Ce soir-là, les gouttes tambourinaient avec insistance sur le bitume du parking de notre résidence, située juste en face du parc des Gayeulles à Rennes. Sous cette pluie incessante, les lampadaires devenaient des lanternes vacillantes dans la nuit humide. À côté de moi, ta mère, Catherine, serrait les dents, agrippant le siège de la voiture avec une force étonnante, tandis qu'un ami conduisait rapidement à travers les rues désertes, presque comme s'il fuyait un danger.

Mon cœur battait à une vitesse folle, menaçant de sortir de ma poitrine. Je me souviens précisément de l'odeur particulière de l'hôpital l'Hôtel-Dieu – un curieux mélange de désinfectant et de café brûlé – et de cette sage-femme au regard fatigué qui m'a demandé calmement mais fermement : « Monsieur, vous allez devoir attendre ici. »

Attendre. J'ai attendu en retenant mon souffle, comme si j'allais plonger dans un vide inconnu. Puis il y eut ton premier cri, aigu, perçant comme une étoile filante traversant la nuit, et soudainement tout semblait reprendre vie.

Lorsque je t'ai vue pour la première fois, le 25 septembre 1986 à 2h10, enveloppée dans une couverture beaucoup trop grande, j'ai pensé immédiatement à ces poupées de chiffon que ta mère confectionnait avec tant d'amour en Bretagne – d'apparence fragile mais étonnamment résistantes. Tu avais déjà les longs cils de Catherine et, dès les premiers instants, cette manière bien à toi de froncer légèrement les sourcils, comme si tu évaluais très sérieusement ce nouveau monde qui t'entourait. Dehors, la pluie continuait à tomber sans relâche, mais dans cette chambre d'hôpital, un soleil venait d'apparaître : toi, Maria.

Durant ces premières heures, ta mère te tenait contre elle sans interruption, te parlant doucement, à voix basse, comme si vous partagiez déjà un secret précieux. Je la voyais tracer délicatement du bout des doigts des arabesques invisibles sur ton petit front. Elle savait déjà, j'en suis sûr, que le temps qu'elle passerait à tes côtés serait compté.

Les mois ont filé rapidement. Tu as grandi en équilibre entre deux cultures : les crêpes au beurre salé préparées par ta grand-mère bretonne et les tajines parfumés de Fatima, ta grand-mère marocaine. Je me souviens encore parfaitement de ton premier Aïd, vêtue d'un petit caftan vert brodé de fils d'or par Lala. Tu avançais maladroitement sur le tapis, trébuchant joyeusement en courant vers le plateau de boulfaf, attirée irrésistiblement par l'odeur du foie grillé. « Doucement, habibti ! » te disait ta grand-mère en t'attrapant tendrement par la taille pour t'empêcher de tomber.

Puis il y eut ce matin d'avril où Catherine n'a pas pu se lever du lit. Le cancer, ce voleur silencieux, lui avait pris ses forces mais jamais son sourire ni sa douceur. Les bons jours, elle te préparait encore des soupes et des crêpes, dessinant avec délicatesse des petits cœurs sur le velouté avec la spa-

tule. « Regarde, Marïa, c'est de l'amour en plus », disait-elle doucement.

Lorsqu'elle est partie, tu avais deux ans et sept mois. Tu cherchais alors désespérément son parfum dans chaque recoin de la maison, courant avec espoir vers la porte chaque fois qu'une voiture s'arrêtait devant chez nous. Les nuits étaient interminables. Je te berçais en te racontant des histoires improvisées, étranges mélanges de légendes bretonnes et marocaines, où les korrigans dansaient la dakka marrakchie sous les étoiles étincelantes des hammams.

Aujourd'hui, lorsque tu cuisines, je vois clairement comment tu puises généreusement dans ce double héritage, inépuisable. Tes mains pétrissent soigneusement la pâte à crêpes exactement comme le faisait ta mère, Catherine, mais ton geste ample pour saupoudrer délicatement la cannelle sur les ghoribas vient tout droit de ta grand-mère marocaine, Lala.

Marïa, tu portes en toi ces trois femmes comme on porte des lanternes dans la nuit. Catherine et Mémé t'ont légué leur ténacité bretonne, cette manière si particulière de serrer les dents quand la vie se fait rude. Lala t'a offert cette chaleur marocaine, cette façon subtile et lumineuse de transformer chaque repas en célébration.

Quand tu écris ton livre, souviens-toi que les valeurs ne s'héritent pas : elles se transmettent comme ces recettes que tu as apprises en silence, simplement en observant les mains expertes qui t'ont précédée. Rappelle-toi cette pâte à crêpes où ta mère mettait toujours un peu d'amour en plus, ou ce thé à la menthe que Lala servait dans des verres bombés, toujours avec trois feuilles fraîches et un sourire rassurant.

Je t'aime pour deux, ma petite étoile filante. Et lorsque le doute t'envahit, rappelle-toi cette phrase que répétait ta grand-mère marocaine : « Une maison sans cuisine est comme un ciel sans étoiles. »

Ma petite étoile devenue comète,

Ce soir, en rangeant ton ancienne chambre, je suis tombé sur La Maman Éléphant. *La couverture est usée, les pages gondolées par tes larmes d'enfant. Je l'ai ouvert au hasard, retrouvant nos annotations dans les marges – ces petits cœurs que tu dessinais quand l'histoire devenait trop triste, ces points d'exclamation que j'ajoutais pour faire surgir l'espoir.*

Aujourd'hui, quand je vois Gabriel blotti contre toi pendant votre rituel du soir, ce même livre entre vos mains, je comprends que le cercle s'est refermé. Toi, qui cherchais désespérément une maman dans ces pages, te voilà devenue cette mère tendre qui explique à son fils pourquoi le petit éléphant finit toujours par retrouver sa famille. Ta voix a pris le relais de la mienne, mais elle chuchote désormais avec une douce certitude : « Regarde, même perdu, on est aimé. Même seul, on appartient à quelque chose de plus grand. »

Je me souviens des trajets répétés : le club militaire chaque mercredi pour tes douze ans qui voulaient dompter les balles jaunes, la salle de danse contemporaine au centre culturel français quand tu n'avais que six printemps et déjà ce besoin implacable de perfection – ces hanches qui s'obstinaient à trouver l'en-dehors idéal, cette nuque tendue comme un coup d'archet.

Je tenais ta main tandis que nous traversions les ruelles de Marrakech jusqu'à l'atelier, imprégné d'argile humide. La lumière douce enveloppait ton visage concentré, tes doigts fins façonnant lentement la terre en silence. Et moi, dans l'ombre discrète de tes gestes délicats, j'observais avec tendresse comment tu apprenais à modeler, patiemment, une part fragile de bonheur sur le tour du potier.

Puis ce crépuscule particulier où nous t'avons arrachée à un goûter d'anniversaire. Dans la voiture, ton petit corps s'était fait trop calme. Sous les plis de ta jupe rose, tes doigts serraient un trésor volé : le coffret de maquillage nacré de la mère de ta copine. Les ombres à paupières y luisaient comme des pépites interdites. Nous avions fait demi-tour, bien sûr. Toi, silencieuse, les yeux plus grands que jamais, comprenant soudain que la grâce ne s'achète pas dans des boîtes à fard, mais se conquiert à coups de chaussons usés et de balles perdues.

Ton parcours, Maria, ressemble à ces romans que tu aimes tant – ceux où l'héroïne se construit lentement, pierre par pierre. Le Mans, le bac littéraire, l'option cinéma... Je me rappelle tes premiers scénarios, ces histoires où des enfants trouvaient toujours un chemin vers la lumière. Sans le savoir, tu écrivais déjà ta propre résilience.

À la fac de lettres, tu as transformé ta douleur en savoir en commençant par une licence de lettres modernes puis en poursuivant avec un master recherche littérature de jeunesse. Tes mémoires sur la littérature jeunesse n'étaient pas seulement des exercices universitaires ; c'était toi cherchant à comprendre pourquoi un simple livre avait pu être ton bouclier contre le chagrin. Quand tu m'expliquais tes théories sur la catharsis par le récit, je voyais briller dans tes yeux la petite fille qui savait mieux que quiconque que les contes peuvent sauver, parfois davantage que les médicaments.

Je me souviens aussi de cette année intense, ta licence professionnelle en ingénierie de formation après ton master que tu as obtenue en un an. Tu te préparais à devenir formatrice en CFA, prête à transmettre ton savoir avec conviction, rigueur et générosité, tissant patiemment des liens solides avec tes élèves, attentive à guider chaque parcours vers l'épa-

nouissement, fière de pouvoir enfin accompagner les autres à grandir.

Je me souviens encore de ta préparation acharnée au concours de professeur lettres-histoire en lycée professionnel privé, de ces nuits studieuses où ta détermination brillait sous la lampe. Tu l'avais obtenu du premier coup, classée soixante-deuxième sur trois mille deux cents candidats, belle victoire discrète qui te ressemblait tant. Durant onze années d'enseignement en lycée privé, tu avais accompagné tes élèves avec patience et générosité, transmettant ton amour des lettres et de l'histoire, exigeante mais attentive, rigoureuse mais chaleureuse, nouant patiemment un lien sincère, authentique, toujours soucieuse d'insuffler la confiance, l'envie d'apprendre et la passion du savoir dans chacun des esprits confiés à ta bienveillance. Onze années à enseigner en lycée professionnel... Combien d'élèves as-tu vus s'accrocher à tes cours comme à des bouées ? Ces adolescents cabossés reconnaissaient en toi une alliée – celle qui ne jugeait pas leurs silences, celle qui offrait des livres comme on tend des perches. Je t'ai vue adapter La Maman Éléphant pour tes élèves en difficulté, transformant cette fable en atelier d'écriture : « Et si l'éléphant trouvait d'abord une famille choisie ? » Ton génie pédagogique fut toujours de montrer qu'on peut s'offrir des fins alternatives.

Aujourd'hui, je regarde tes passions s'épanouir, nombreuses et lumineuses : l'écriture, où tu trouves ton équilibre en façonnant patiemment les mots ; la lecture, plaisir silencieux qui nourrit ta curiosité toujours éveillée ; la photographie, capturant en douceur chaque fragment de vie ; la cuisine, généreuse, inventive, où tu exprimes ta créativité ; le sport, essentiel pour préserver ton énergie vitale ; les voyages, invitations constantes à explorer de nouvelles terres, cultures et *visages ; l'humanitaire, preuve discrète mais sincère de ton engagement envers l'autre ; et enfin la brocante et la décoration, délicate passion qui révèle ton goût pour le passé, pour les objets empreints d'histoires et de souvenirs, reflets subtils d'une sensibilité toujours en quête de beauté.*

Puis 2021, ton tournant. L'écriture n'était plus un refuge, mais un partage. Quand tu m'as lu ton premier texte destiné aux adultes, j'ai reconnu tes thèmes familiers – l'absence, la filiation et la cuisine comme langage universel, ces mères qui hantent les placards à épices. Mais il y avait désormais une maturité nouvelle, une façon sobre et juste de parler de Catherine, comme d'une étoile dont on continue à percevoir la lumière longtemps après son extinction.

Et Gabriel… Mon petit-fils aux yeux pers, héritier de tes cheveux rebelles et de ton appétit infini pour les histoires. En le regardant grandir entre tes crêpes « spéciales Pépé » et tes tajines revisités, je comprends que tu as réussi le plus beau des métissages. Ta table est devenue ce lieu sacré où la Bretagne épouse le Maroc, où les morts continuent de nourrir les vivants.

Ce matin, en parcourant lentement tes notes éparses pour ce livre qui grandit doucement en toi, mon doigt s'est immobilisé sur une page particulière. C'était celle où tu avais commencé à dessiner les contours du chapitre dédié à Catherine. Je me suis attardé sur ces quelques phrases encore hésitantes où tu décris avec une précision saisissante ses fameuses crêpes préparées « avec de l'amour en plus ». Ces mots étaient si vivants qu'ils semblaient soudain faire ressurgir sa présence subtile dans notre cuisine silencieuse. Plus loin, dans ce désordre ordonné que tu affectionnes tant, j'ai deviné la façon dont tu raconteras bientôt Lala, ta grand-mère marocaine, à travers ces anecdotes chaleureuses de nos dimanches passés à Marrakech, ces petits récits qui n'attendent qu'un ultime polissage pour briller pleinement.

En marge de ces pages, tu avais griffonné une pensée qui résume magnifiquement ton projet : « Les mères s'absentent, les saveurs demeurent. Leurs mains s'effacent, mais la mémoire des papilles, elle, défie le temps. » C'est exactement cela, Maria, le livre que tu portes en toi. Il sera ton œuvre de résilience, un témoignage vibrant qui transformera ces deux héritages endeuillés en un banquet magnifique où les absentes deviendront des convives éternellement présentes. Ton récit montrera que chaque recette familiale n'est jamais simplement un plat, mais plutôt un message d'amour délicatement codé dans le beurre, la farine et les épices.

Quand tu auras posé le dernier mot sur la dernière page, lorsque ce manuscrit aura enfin trouvé sa forme parfaite, nous comprendrons tous que ta vie entière aura été une lente et patiente préparation à ce festin littéraire. Chaque épreuve traversée, chaque souvenir gravé, chaque larme secrètement mêlée à la pâte à crêpes n'aura été qu'un ingrédient essentiel dans la réalisation de ce projet magnifique.

Même si ce manuscrit n'est pas encore achevé, je devine déjà qu'il portera en lui le parfum chaud et réconfortant de la cannelle et du beurre salé. Il crépitera joyeusement comme les galettes bretonnes sur la bilig, et enveloppera chaque lecteur d'une douceur semblable à la vapeur parfumée d'un hammam marocain. Il contiendra tout ce que tu as patiemment appris en écoutant le silence délicat qui s'étendait entre les mots de tes deux mères désormais disparues.

Lorsque tu poseras enfin le point final, ce geste ne signifiera pas une fin mais un commencement : celui de toutes les tables que ton livre ouvrira, des dialogues culinaires chaleureux qu'il suscitera, et des souvenirs précieux qu'il réveillera chez chaque personne qui le lira.

Maria, ton histoire est désormais sur le point de devenir un magnifique héritage offert. Ce livre que tu prépares avec tant d'amour et de soin sera ton cadeau, ton message précieux destiné à toutes les petites filles qui cherchent encore leur maman éléphant.

Alors oui, la petite fille qui pleurait doucement en lisant La Maman Éléphant a triomphé. Elle a écrit sa propre fin, non pas celle où la maman revient par miracle, mais celle où l'enfant, devenue mère à son tour, tisse avec patience et détermination un fil solide capable de traverser toutes les absences.

Ce soir, lorsque tu liras une histoire à Gabriel, observe bien ses petites mains qui tiennent délicatement le livre. Elles ressemblent étrangement aux tiennes quand tu avais cinq ans, avec les mêmes doigts potelés serrant le livre comme un précieux talisman. Mais cette fois-ci, lorsqu'il te demandera doucement : « Pourquoi il a perdu sa maman, le petit éléphant ? », tu pourras répondre avec la sagesse de celles qui savent désormais que même les histoires tristes peuvent nourrir profondément.

Et si une larme vient se loger au coin de ton œil, souviens-toi simplement qu'elle s'écoule dans la même rivière que celles de ton enfance, mais que le courant désormais se dirige résolument vers l'avenir.

Papa

I.
Souvenirs et recettes
de Mémé
ma grand-mère bretonne

Mémé, gardienne des tempêtes et des saveurs

Mémé, ma grand-mère bretonne, était une femme extraordinaire. Je crois que je ne l'ai jamais vue se plaindre une seule fois, et pourtant, sa vie n'a été qu'un enchaînement d'épreuves qu'elle affrontait avec une dignité et une force d'âme incomparables.

Elle était encore très jeune quand Pépé, mon grand-père, a quitté la maison pour répondre à l'appel du général de Gaulle en 1940. Il était marin, né dans les Côtes-d'Armor, et comme tant d'autres, il a troqué les côtes familières de Bretagne pour les eaux troubles de la guerre. Je me souviens des histoires que Mémé racontait sur ces longues années de solitude, où tout était rationné : le pain, la viande, même les tissus et les chaussures. Il fallait peindre les vitres pour ne pas laisser passer la lumière, cacher les jeunes gens pour qu'ils ne soient pas emmenés en Allemagne.

Elle était couturière. C'est ainsi qu'elle a tenu bon, en confectionnant des robes et des chemises pour les femmes du village. Travailler à l'atelier de couture avait été son premier emploi avant son mariage avec Pépé. Mais au-delà du travail, il y avait l'attente, pesante et interminable. Mémé formulait chaque jour une prière, suppliait le ciel de lui ramener Pépé sain et sauf. À vingt ans, Pépé s'était engagé dans La France Libre, et pendant des mois, elle n'a eu aucune nouvelle. Elle vivait dans l'angoisse permanente, luttant contre ses propres peurs pour continuer à avancer.

Quand la guerre a pris fin et que Pépé est enfin revenu, ce fut un immense soulagement. Mais leur bonheur a été de courte durée, car la vie ne les a pas épargnés. Ensemble, ils ont eu trois filles : « Malou », Josiane et Catherine, ma mère. Le destin s'est acharné sur eux. Ma mère, Catherine, est décédée des suites d'une tumeur au cerveau. J'avais 2 ans et 7 mois, trop jeune pour comprendre l'ampleur de la tragédie. En 1993, ce fut au tour de Pépé, qui succomba lui aussi à un cancer. Puis, en mai 1996, ma tante Malou a été emportée par la même maladie. Le vide et la douleur laissés par ces pertes étaient indescriptibles. Mémé, dévastée, semblait parfois brisée par le chagrin, mais elle trouvait toujours la force de se relever.

Aujourd'hui, en tant que mère de Gabriel, je crois comprendre un peu mieux ce que mes grands-parents ont pu ressentir lorsqu'ils ont perdu ma mère. La perte d'un enfant est une blessure qui déchire l'âme. Elle vous laisse face à une réalité insupportable : il est impossible de protéger totalement ceux qu'on aime le plus. Quand un enfant s'en va, ce n'est pas seulement une vie qui s'éteint, c'est tout un avenir qui disparaît. On perd une partie de soi, et ce vide immense change pour toujours celui ou celle qui reste. J'imagine que mes grands-parents ont appris à porter cette douleur, non parce qu'elle disparaît un jour, mais parce qu'ils ont dû trouver un moyen de vivre avec. Cette pensée m'accompagne souvent, comme un rappel de leur courage silencieux.

Faire face à la perte d'un enfant, surtout si jeune, est une épreuve qui défie toute logique et paraît profondément injuste. La douleur est immense, presque insurmontable, car tout rappelle sa présence, son rire, son regard, ses gestes pleins de vie. Pourtant, dans cette obscurité, les parents peuvent parfois puiser de la force en se raccrochant à ce qu'il ou elle a laissé : des souvenirs doux et lumineux, des instants précieux où l'enfant leur aurait souri et dit de ne pas être tristes. C'est souvent dans cet amour qu'ils trouvent, petit à petit, une raison de continuer, car honorer sa mémoire en choisissant de vivre devient une façon de le ou la garder vivant(e) dans leur cœur.

Malgré ces coups cruels du destin, Mémé trouvait toujours la force de se relever. Sa résilience était une leçon que je n'oublierai jamais. Elle disait souvent : « Si vous voulez tirer quelque chose de bon ou de positif, c'est l'apprentissage que ces épreuves vous apportent. » Elle portait son chagrin avec une dignité rare, et même dans les moments les plus sombres, elle restait un pilier pour notre famille.

Je garde deux images fortes de Mémé, à deux âges différents de sa vie. La première, c'est elle à 52 ans. Elle était encore dans la force de l'âge, son regard bleu vif et curieux éclairait son visage où subsistait une douceur juvénile. Mémé, à cette époque, était petite et élégante, toujours habillée simplement mais avec soin. Ses mains expertes, qui avaient tant cousu, étaient les mains d'une femme qui avait traversé des tempêtes mais savait encore caresser avec tendresse. La seconde image, c'est elle à 98 ans. Son visage était marqué par le temps, une véritable carte des épreuves qu'elle avait traversées. Pourtant, ses yeux, bien que moins éclatants, avaient toujours cette étincelle malicieuse, cette chaleur qui donnait envie de rester à ses côtés.

Mémé était une conteuse. Elle racontait les privations, la peur pendant la guerre, mais aussi les stratagèmes des villageois pour contourner les interdictions, comme ces petits bateaux à voile qu'ils utilisaient pour pêcher malgré les mines allemandes. Elle parlait de son mari avec une tendresse infinie, et même si la vie leur avait infligé des absences et des deuils, elle trouvait toujours une manière de rendre hommage à son amour pour lui.

Mais ce que je me rappelle aussi avec une joie immense, c'est son talent de cuisinière. Quand je venais passer mes vacances d'été chez elle, c'était un véritable festin chaque jour. Les galettes de sarrasin et les crêpes, fines et dorées, étaient toujours prêtes pour le petit-déjeuner. Sa blanquette de veau était si tendre qu'elle fondait dans la bouche, tout comme son rôti de veau parfumé aux herbes. Elle préparait le poulet rôti avec amour, en disant souvent avec un sourire : « Ce n'est pas un poulet de Loué, mais il fera l'affaire ! » Ses plats de fruits de mer étaient tout aussi magiques : les Saint-Jacques en sauce hollandaise, le homard grillé à l'armoricaine, les palourdes farcies que Pépé avait pêchées. Et que dire de ses œufs mimosa ? Ils étaient toujours parfaits, légers et savoureux. Elle avait cette manière unique de transformer des repas simples en moments inoubliables. Chaque bouchée était une déclaration d'amour, un souvenir à déguster.

Mémé, une femme résiliente et opiniâtre, apparaît comme une formidable source de conseils et de connaissances. Aujourd'hui, elle n'est plus là, mais son héritage vit en moi. Je pense souvent à sa force, à sa manière de regarder les épreuves comme des leçons et non comme des malédictions. Quand je couds, je pense à elle. Quand je résiste à une difficulté, je l'entends encore me dire : « Avance, ma fille, un pas après l'autre, et tu arriveras toujours quelque part. »

Mémé était une femme bretonne comme on n'en fait plus. Une femme qui portait en elle un courage éblouissant, une foi indéfectible et une dignité qui traversait le temps. Elle était et restera toujours le pilier de notre famille, la gardienne de nos souvenirs et de notre histoire.

Les fleurs du souvenir :
Une visite à la tombe de Maman

Bien que la tradition du 1ᵉʳ novembre soit d'apporter des fleurs sur la tombe des défunts, Mémé ne s'attache pas à une date précise pour rendre hommage à ma mère. Pour elle, chaque jour est une occasion de préserver son souvenir vivant.

Ce matin, comme chaque jeudi, après un petit-déjeuner tranquille, Mémé et moi avons pris la route vers le cimetière de Pordic, qui se trouve à la fin de la rue Roger Collin. Cette rue, qui part de la place du Général-de-Gaulle devant l'église, porte le nom de Roger Collin, une victime de la barbarie nazie. Son corps avait été découvert le 28 octobre 1944 dans une fosse commune de la forêt de Lorges, au lieu-dit la Butte-Rouge.

C'est devenu un rituel que nous respectons avec une sorte de solennité silencieuse. Avant de nous y rendre, nous avons fait un détour par le fleuriste, un passage obligatoire pour choisir des fleurs fraîches. Aujourd'hui, c'étaient des roses blanches et des gerberas jaunes, des fleurs que ma mère Catherine appréciait tant. J'ai toujours pensé que ce choix était une manière pour Mémé de maintenir un dialogue avec elle, une conversation qui se poursuivait au-delà de la vie.

Le cimetière de Pordic se déploie comme une mosaïque de pierres tombales, chaque monument portant les marques d'histoires passées et de souvenirs précieux. Lorsque nous sommes arrivées, le ciel était lourd de nuages, comme si lui aussi portait la même mélancolie que nous. Le silence était profond, uniquement troublé par le bruit lointain du vent qui glissait entre les arbres et les croix de pierre. Les chemins bordés de gravier crissaient sous nos pas, un bruit familier qui me semblait toujours empreint de gravité.

Nous avons avancé lentement, Mémé tenant le bouquet dans ses

Cimetière de Pordic.

mains tremblantes. Ses pas étaient plus lents aujourd'hui, comme si chaque mouvement était alourdi par le poids des souvenirs. La majorité des personnes inhumées ici venaient de familles liées au milieu maritime, comme des marins-pêcheurs pratiquant la grande pêche, la pêche côtière ou encore le cabotage.

Lorsque nous sommes arrivées devant la tombe de ma mère, je l'ai vue s'arrêter un instant, les yeux rivés sur la pierre. Les lettres gravées – « Catherine, 1956-1989 » – semblaient à la fois si proches et si lointaines. J'avais l'impression que le temps s'était figé à cet instant-là.

Mémé s'est agenouillée avec peine, posant les fleurs sur la tombe avec une délicatesse infinie. J'ai suivi son geste, ajustant les tiges pour qu'elles restent bien droites. Le marbre froid sous mes doigts contrastait avec la chaleur que j'imaginais dans le sourire de ma mère.

« Elle aimait tant les roses blanches », a murmuré Mémé, presque pour elle-même. Sa voix était étouffée par l'émotion, et je sentais les larmes lui monter aux yeux.

Je me suis assise à côté d'elle, et pendant un long moment, nous sommes restées silencieuses. La tombe de ma mère semblait être un pont entre nous deux, un lien invisible mais palpable. J'ai levé les yeux pour observer les autres pierres, toutes différentes mais unies par le même destin inéluctable. Certaines portaient des sculptures d'anges, d'autres étaient simples, ornées de plaques ou de bouquets fanés. Le cimetière était un lieu de mémoire, mais aussi de solitude. Un endroit où le temps semble suspendu.

« Elle aurait adoré voir Gabriel grandir », ai-je dit soudain, rompant le silence.

Mémé a hoché la tête, ses lèvres formant un sourire triste.

« Oui, elle aurait été si fière de toi. Et de lui aussi. »

Je me suis demandé comment elle avait réussi à survivre à une telle perte. Perdre un enfant, c'est contre l'ordre naturel des choses. C'est une douleur qui ne disparaît jamais, qui s'insinue dans chaque moment de la vie. Pourtant, Mémé était toujours là, forte à sa manière, portant cette peine avec une dignité qui m'émerveillait.

Alors que nous nous apprêtions à partir, Mémé sort un chiffon de son sac pour essuyer la poussière qui s'était accumulée sur la pierre tombale. Ses mains, bien que fragiles, étaient d'une précision méticuleuse. Chaque geste semblait dire : « Je suis encore là pour toi. »

Lorsque nous quittons le cimetière, le vent s'est levé, emportant avec lui quelques feuilles mortes. J'ai jeté un dernier regard en arrière, fixant la tombe de ma mère comme pour lui dire au revoir une fois de plus. Le chemin du retour était silencieux, mais ce silence était étrangement apaisant, comme si nous étions toutes les deux enveloppées dans un cocon de souvenirs partagés.

Ces visites hebdomadaires étaient un rappel constant de la fragilité de la vie, mais aussi de l'importance de chérir chaque instant. En marchant aux côtés de Mémé, je me suis sentie plus proche d'elle que jamais. Nous portions ensemble ce deuil, tout comme nous partagions l'amour immense que nous avions pour Catherine. Et c'était peut-être là le plus grand hommage que nous pouvions lui rendre.

L'épopée d'un classique : l'œuf mimosa

Il est des mets qui traversent les âges, réinventés sans jamais perdre leur charme. L'œuf mimosa, si familier à nos tables d'enfance, en est un parfait exemple. À mi-chemin entre simplicité et raffinement, il raconte une histoire qui débute bien avant son apparition dans nos assiettes modernes.

Un héritage antique

Les premières traces de l'œuf farci remontent à la Rome antique. Dans De re coquinaria, traité culinaire du IVe siècle, Marcus Gavius Apicius évoque déjà des jaunes d'œufs mélangés à des épices comme la marjolaine, le safran et les clous de girofle. Ces préparations, généreusement garnies de fromage, se dégustaient alors loin de la recette que nous connaissons aujourd'hui, mais elles en esquissaient les prémices.

L'escapade andalouse

Au XIIIe siècle, en Andalousie, l'œuf farci prend des accents méditerranéens. Dans un manuscrit anonyme, deux recettes se détachent : l'une mêlant coriandre, jus d'oignon et huile d'olive, l'autre enrichie de cannelle, safran et légèrement frits. Ces créations, encore éloignées du mimosa actuel, témoignent d'une quête perpétuelle de saveurs.

La touche française

Il faut attendre le milieu du XXe siècle pour voir éclore notre œuf mimosa. Coupé en deux, garni d'une farce à la mayonnaise, il se pare d'un saupoudré de jaune émietté évoquant les fleurs de mimosa. Servi froid, agrémenté de persil ou de cornichons, il devient une entrée incontournable, incarnant à lui seul l'élégance de la cuisine française.

De Rome à l'Andalousie, puis à la France, l'œuf mimosa est bien plus qu'une simple recette : c'est une ode à l'imagination culinaire, une tradition qui, au fil du temps, continue de ravir les papilles.

Souvenirs de Pordic et d'un classique culinaire

Les vacances à Pordic étaient un rituel. Chaque été, nous quittions la ville pour rejoindre mes grands-parents dans leur maison nichée entre les ajoncs et les mimosas. Là-bas, le temps semblait s'arrêter, bercé par le parfum des embruns et le chant des goélands. Je revois encore leur jardin, bordé de pins et d'aloès, et l'arrière-cuisine où ma grand-mère préparait avec amour ses fameuses entrées : les œufs mimosa.

À table, elle racontait l'histoire de cette recette, née bien avant nos déjeuners familiaux.

« Tu sais, ça remonte à la Rome antique, disait-elle. Les Romains farcissaient déjà les jaunes avec des épices et du fromage. »

Puis, elle évoquait l'Andalousie, où des œufs garnis de coriandre et de safran apparaissent dans un manuscrit du XIIIe siècle.

« Mais c'est en France qu'ils ont pris ce nom poétique, grâce à leur jaune qui rappelle les fleurs de mimosa, » ajoutait-elle avec fierté.

Après ces festins simples mais savoureux, nous partions sur le chemin des douaniers. De criques en falaises, le littoral dévoilait toute sa beauté sauvage. Les mimosas bordant les sentiers semblaient répondre à ceux des œufs du déjeuner, comme un écho visuel et olfactif.

Aujourd'hui, l'œuf mimosa n'est plus seulement un plat pour moi. Il porte en lui le goût d'une époque révolue, des moments partagés autour de la grande table en bois, du rire de mes grands-parents et de la lumière dorée des étés bretons. Chaque bouchée me ramène à Pordic, à ces jours heureux où, entre cuisine et sentiers, la vie se savourait en toute simplicité.

Œufs mimosa revisités, thon blanc et ail noir

Temps de préparation : 10 min

Temps de cuisson : 20 min

Ingrédients :

(Pour 8 personnes)

8 œufs frais

200 g de thon blanc en conserve, bien égoutté

Mayonnaise à l'ail noir :

1 jaune d'œuf

1 c. à soupe de moutarde

250 ml d'huile neutre (tournesol ou pépins de raisin)

2 gousses d'ail noir, pelées et écrasées

1 c. à soupe de vinaigre de vin blanc

Sel, poivre du moulin

Étapes :

1. Cuire les œufs :

Porter une casserole d'eau à ébullition.

Plonger les œufs délicatement dans la casserole et laisser cuire 10 min.

Rafraîchir immédiatement les œufs dans de l'eau glacée pour stopper la cuisson.

Une fois refroidis, écaler les œufs avec soin.

2. Préparer la mayonnaise à l'ail noir :

Dans un bol, mélanger le jaune d'œuf, la moutarde, le sel et le poivre.

À l'aide d'un fouet, incorporer l'huile en filet pour obtenir une texture onctueuse.

Ajouter l'ail noir réduit en purée et le vinaigre et mélanger jusqu'à ce que la mayonnaise soit homogène.

Rectifier l'assaisonnement selon vos goûts.

3. Assembler la farce :

Émietter finement le thon blanc et l'incorporer à la mayonnaise.

Passer la moitié des jaunes d'œufs cuits au tamis directement dans la préparation pour une texture fine et veloutée.

Mélanger délicatement.

4. Garnir les œufs :

Couper les œufs en deux dans le sens de la longueur.

Retirer les jaunes et ganir généreusement les blancs à l'aide d'une poche à douille pour une présentation élégante, ou d'une petite cuillère.

5. Finaliser et servir :

Passer les jaunes restants au tamis et les saupoudrer sur les œufs garnis pour l'effet « mimosa ».

Terminer par une touche d'ail noir en décoration, pour un contraste visuel et gustatif raffiné.

Servir frais, idéalement accompagné d'une salade croquante ou d'un pain artisanal légèrement toasté.

Bon appétit !

Mon pépé, marin breton
et héros de la liberté

Mon pépé, c'était bien plus qu'un grand-père pour moi : il incarnait la force, la fierté et le courage des marins bretons. À Pordic, lorsqu'il s'asseyait dans son vieux fauteuil, la pipe à la main, ses récits de mer nous transportaient. Ce n'est qu'avec le temps que j'ai compris toute l'ampleur de son histoire, bien au-delà de ces matinées passées à pêcher les palourdes ou à surveiller les marées.

Pépé était l'un de ces hommes que l'on appelait les Français Libres. Je l'ai découvert en fouillant dans des archives, notamment grâce à des sites comme françaislibres.net, où son nom est inscrit. Né le 25 septembre 1921 à Kerity, dans les Côtes-d'Armor, il a quitté sa Bretagne natale pour répondre à l'appel du général de Gaulle en 1940. Comme tant d'autres marins bretons, il a troqué les côtes familières pour les eaux troubles de la guerre, déterminé à défendre une liberté qu'il jugeait sacrée.

Il servait dans la Marine Nationale des Forces Françaises Libres. Pépé n'en parlait jamais directement, mais ses yeux brillaient d'une intensité particulière lorsqu'il évoquait des mots comme « camaraderie » ou « devoir ». Ce sont ses silences qui parlaient le plus. Pourtant, je savais qu'il avait navigué sur des destroyers ou des cargos, bravant des océans hostiles et des attaques incessantes pour transporter des armes, des hommes, et parfois de simples courriers précieux.

Un jour, il m'a confié à demi-mot :

« La mer, c'est comme la liberté, Maria. Ça peut être calme, ou ça peut tout emporter, mais il faut toujours rester debout. »

Cette phrase résume tout ce qu'il était : un homme debout, face aux vents contraires de l'Histoire.

Aujourd'hui, je regarde son nom inscrit parmi ces héros bretons,

Plage du Port Jehan, Pordic.

et je ressens une fierté immense. Mon pépé n'était pas qu'un marin : il était un symbole de courage, de sacrifice, et de cet esprit breton indomptable. Chaque fois que je longe les falaises de Pordic, j'imagine sa silhouette sur un bateau, fixant l'horizon, prêt à affronter le tumulte pour protéger ce qu'il aimait : la mer, sa Bretagne, et la liberté.

Les matins au Port Jehan : souvenirs avec Pépé le pêcheur

Je me souviens de ces matins où j'accompagnais Pépé à la plage du Petit Havre, lorsque la grande marée était à coefficient intermédiaire. Il portait toujours ses bottes vertes, sa veste cirée et sa pipe accrochée au coin de sa bouche, dégageant cette odeur de tabac qui me semblait rassurante. Avec son vieux seau rouillé et son couteau émoussé, il était prêt à partir en quête des palourdes.

Le chemin jusqu'à la crique était une aventure en soi. On longeait les falaises, avec la mer qui s'étirait à perte de vue, scintillant sous les premiers rayons du soleil. Pépé avançait d'un pas sûr, malgré les galets qui roulaient sous nos pieds. Une fois sur l'estran, il me montrait comment repérer les deux petits trous laissés par les palourdes.

« Regarde bien, Maria, c'est là qu'elles se cachent », disait-il en recommençant à tousser et en tapotant le sable avec sa cuillère.

Pépé creusait avec une patience infinie, chaque mouvement précis et mesuré, comme s'il honorait la mer.

« La pêche, c'est une question de respect », me répétait-il.

À chaque palourde découverte, son sourire s'élargissait, et il me tendait fièrement sa trouvaille pour que je la dépose dans notre seau.

À la fin de la matinée, quand le seau était presque plein, on s'asseyait sur les galets, face à l'horizon. Le vent jouait dans mes cheveux, et je regardais Pépé, silencieux, contemplant la mer. Ce moment, simple mais précieux, reste gravé en moi. C'était bien plus qu'une leçon de pêche : c'était un moment de transmission, de lien, de vie.

Aujourd'hui encore, chaque fois que je goûte une palourde, c'est à lui que je pense, à ses bottes vertes et à sa pipe, et à ces matins où la mer nous offrait ses trésors, comme la madeleine de Proust.

De retour à la maison, Mémé, avec son sourire complice et ses yeux bleus lumineux, se mettait au travail. La première étape était toujours la même : ouvrir les palourdes. Elle les disposait dans une grande poêle, qu'elle couvrait, et les laissait s'ouvrir sous l'effet de la chaleur. Ce processus était rapide, presque instinctif. Une fois ouvertes, elle enlevait la coquille du dessus de chaque palourde et les alignait soigneusement dans un plat.

Puis venait l'étape que j'aimais le plus : la préparation du beurre « maître d'hôtel ». Avec son couteau parfaitement aiguisé, Mémé hachait finement le persil et l'ail. Elle mélangeait ensuite le tout avec du beurre demi-sel, ajoutant juste ce qu'il fallait de poivre pour relever les saveurs.

« Le secret, c'est de bien amalgamer, pour que chaque bouchée soit parfaite », disait-elle en écrasant doucement le mélange avec une cuillère.

Avec patience, elle farcissait chaque palourde de cette préparation parfumée. Le plat était prêt pour le four, mais pas avant qu'elle ne m'ait laissé goûter un peu de ce beurre savoureux sur un morceau de pain. C'était un avant-goût irrésistible de ce qui allait suivre.

Le four, déjà préchauffé à 180°C, accueillait les palourdes pour une cuisson précise de sept minutes. Pendant ce temps, l'odeur du beurre fondu et de l'ail envahissait la cuisine, réveillant nos papilles.

Quand les palourdes sortaient du four, leur garniture dorée et légèrement croustillante était une promesse de bonheur. Mémé les déposait sur la table avec fierté, et on les dégustait chaudes, directement dans le plat. Ce n'était pas qu'un repas, c'était un moment, un souvenir que chaque bouchée rendait inoubliable.

Les Saint-Jacques de Mémé

C'était une matinée lumineuse à Pordic, et après un petit-déjeuner réconfortant, Pépé m'avait invitée à le suivre chez le poissonnier.

« On va chercher des Saint-Jacques, Marïa. Aujourd'hui, on fête le frère de Mémé, Francis, qui vient d'Orange ! », disait-il avec cet enthousiasme qui rendait chaque sortie spéciale.

Sur la route, je contemplais la flèche percée de l'église Saint-Pierre, si majestueuse, qui semblait veiller sur le village. Le poissonnier, installé juste derrière, nous accueillait avec un grand sourire. Il connaissait bien Pépé et savait exactement ce qu'il cherchait :

« Les plus belles noix pour votre mémé, comme d'habitude ! »

De retour à la maison, l'effervescence régnait dans la cuisine. Mémé, dans son tablier, m'avait confié le soin de nettoyer les Saint-Jacques, tandis qu'elle préparait la fameuse sauce hollandaise.

« C'est une sauce d'occasion spéciale, Marïa. Alors regarde bien, un jour, c'est toi qui la feras. »

Coquilles Saint-Jacques de la baie de Saint-Brieuc.

Saint-Jacques sauce hollandaise

Ingrédients :

(Pour 4 personnes)
Pour les Saint-Jacques :
12 noix de Saint-Jacques
4 poireaux moyens
30 g de beurre demi-sel
10 cl de crème épaisse
Sel, poivre
Pour la sauce hollandaise :
200 g de beurre
4 jaunes d'œufs
Le jus d'un demi-citron
Sel, poivre

Temps de préparation :
15 min

Temps de cuisson :
10 min (poireaux)
1 min (St-Jacques)

Étapes :

1. Préparer les Saint-Jacques et les poireaux :

Nettoyer et émincer finement les poireaux.

Faire revenir doucement les poireaux dans 20 g de beurre jusqu'à ce qu'ils soient fondants (10 min).

Ajouter la crème, saler, poivrer, et laisser réduire encore 10 min. Réserver.

Nettoyer puis bien sécher les noix de Saint-Jacques.

Dans une poêle chaude avec le beurre restant, saisir les noix 1 min de chaque côté.

2. Préparer la sauce hollandaise :

Faire fondre le beurre à feu doux pour le clarifier.

Dans un bol au bain-marie, fouetter les jaunes d'œufs avec le jus de citron, jusqu'à obtenir une texture mousseuse.

Incorporer lentement le beurre clarifié en filet, tout en fouettant, jusqu'à émulsion.

3. Dresser et servir :

Disposer une généreuse fondue de poireaux dans les assiettes.

Ajouter les noix de Saint-Jacques et napper de sauce hollandaise.

Un souvenir :

Alors que je dressais les assiettes sous l'œil attentif de Mémé, Pépé lança en riant :

« Si ça continue comme ça, Maria, c'est toi qui prendras la relève dans cette cuisine. »

Et ce jour-là, entre la route des plages et la chaleur de cette cuisine, j'ai compris que cuisiner, c'était plus qu'un savoir-faire, c'était un héritage.

La cotriade de Mémé :
Un voyage au cœur de la Bretagne

La vieille maison de Mémé et Pépé était toujours un lieu magique pour moi. Chaque été, j'y retrouvais mes racines, cette Bretagne profonde qui semblait avoir le souffle de l'océan dans ses murs. Ce matin-là, le soleil perçait doucement entre les rideaux épais de la cuisine, où l'odeur du beurre demi-sel fondu m'accueillait comme une vieille amie.

« Maria, viens m'aider avec les pommes de terre, » m'avait lancé Mémé en ajustant son tablier.

Elle était debout près de la grande table en bois, celle qui avait vu tant de repas préparés avec amour. Aujourd'hui, c'était une journée spéciale : nous allions préparer une cotriade, cette soupe de poisson typiquement bretonne que Mémé tenait de sa propre mère.

Je me suis installée à côté d'elle, un couteau à la main, pelant les pommes de terre pendant qu'elle rinçait les moules fraîchement rapportées du marché. La fenêtre était entrouverte, laissant entrer une brise salée chargée des cris des goélands.

« Tu sais, ma fille, la cotriade, c'était la soupe des marins, commença-t-elle, son regard perdu un instant dans un souvenir lointain. Ils la faisaient à bord avec ce qu'ils avaient sous la main : du poisson, des pommes de terre, et de l'eau de mer... Imagine-toi, une soupe cuisinée directement avec l'océan ! »

Elle éclata d'un rire doux, mais je percevais une pointe de nostalgie dans sa voix.

Pendant qu'elle parlait, elle ajoutait un à un les ingrédients dans le grand chaudron noir posé sur la cuisinière. Les rondelles de poireau, les oignons finement émincés, et une feuille de laurier y rejoignaient les morceaux de pommes de terre. Elle faisait fondre doucement le beurre demi-sel, un parfum riche emplissant la pièce.

« Et puis, les herbes, dit-elle en ouvrant un petit pot rempli de thym séché, c'est ce qui donne toute son âme à la soupe. Et le poisson, bien sûr... sans oublier une goutte de vin blanc pour parfumer le bouillon. »

Je la regardais ajouter les sardines et les pavés de saumon, sa manière méticuleuse et pleine de respect me fascinait toujours. Chaque étape semblait chargée d'une sorte de rituel, comme si elle honorait tous les marins et toutes les femmes bretonnes qui avaient préparé cette recette avant elle.

Quand les légumes et le poisson mijotaient doucement, elle prépara les moules. D'un geste sûr, elle les jetait dans une petite casserole avec un peu d'eau. Quelques minutes plus tard, leur coquille s'ouvrait sous l'effet de la chaleur, révélant leur chair juteuse. Elle filtra le jus et l'ajouta au bouillon, une étape essentielle, me dit-elle, pour capturer tout le goût de la mer.

« Viens sentir, » dit-elle en m'invitant à me pencher au-dessus du chaudron.

L'arôme était envoûtant : un mélange d'oignons, de beurre et de poisson, avec une pointe de sel qui semblait venue directement des vagues.

« C'est ça, la Bretagne, Marïa. Tout est là, dans cette soupe. »

Lorsque tout fut prêt, nous avons versé la cotriade fumante dans de grands bols, ajouté quelques moules par-dessus, et l'avons accompagnée de tranches de pain frais. Mémé y ajouta un filet de vinaigre, expliquant que c'était la touche finale que Pépé adorait.

Nous avons dîné dans le silence, seulement interrompu par le bruit des cuillères et le murmure des vagues au loin. Chaque bouchée était un rappel de ce lien profond qui nous unissait à cette terre et à la mer. Pour moi, cette cotriade n'était pas qu'une soupe. C'était une étreinte, une mémoire, une manière de garder vivants les souvenirs de ceux qui avaient aimé, travaillé, et rêvé au bord de cet océan sans fin.

Soupe de poisson façon cotriade

Ingrédients :

(Pour 6 personnes)
10 sardines fraîches ou décongelées
800 g de moules
400 g de pavés de saumon
1 kg de pommes de terre
1 poireau
400 g d'oignons
2 gousses d'ail
70 g de beurre demi-sel
60 cl de vin blanc sec
2 branches de thym
1 feuille de laurier
Sel et poivre

Temps de préparation : 20 min

Temps de cuisson : 1 h environ

Étapes :

1. Préparer les ingrédients :

Décongeler les sardines la veille au réfrigérateur, si nécessaire.

Trier et nettoyer les moules, en éliminant celles qui sont cassées ou ouvertes.

Éplucher les pommes de terre et les oignons, puis les couper en tranches fines.

Nettoyer et rincer soigneusement le poireau, puis le couper en rondelles.

Peler et râper finement les gousses d'ail.

2. Préparer la base de la soupe :

Faire fondre le beurre dans une grande marmite à feu moyen.

Ajouter les pommes de terre, les oignons, le poireau et l'ail râpé et faire revenir le tout pendant environ 5 min, en mélangeant régulièrement.

Mouiller avec le vin blanc, puis ajouter le thym, la feuille de laurier, une pincée de sel et de poivre.

Ajouter suffisamment d'eau pour recouvrir les légumes, porter à ébullition, puis réduire le feu et laisser mijoter à feu doux pendant 25 min.

3. Cuire les moules :

Pendant que les légumes cuisent, placer les moules dans une casserole avec ½ verre d'eau.

Couvrir et faire cuire à feu vif jusqu'à ce que les moules s'ouvrent (environ 5 min).

Retirer les moules avec une écumoire et les réserver.

Filtrer le jus de cuisson des moules et l'ajouter à la soupe.

4. Ajouter le poisson :

Retirer la peau des pavés de saumon et les couper en gros morceaux.

Une fois les légumes cuits, ajouter le saumon dans la marmite et laisser cuire pendant 5 min.

Ajouter ensuite les sardines et cuire encore 3 min.

5. Finaliser la soupe :

Une fois le poisson cuit, retirer la marmite du feu et disposer les moules par-dessus.

Couvrir et laisser reposer 3 min pour que les saveurs se

mélangent.

6. Servir :

Servir bien chaud dans des assiettes profondes, avec des morceaux de poisson, des légumes et des moules.

Accompagner éventuellement de pain grillé ou de croûtons.

 Conseils et astuces :

Cette soupe se marie parfaitement avec un vin blanc sec pour sublimer ses saveurs marines, tel un muscadet.

Carnac, le visage heureux de l'été

C'est un dimanche de juillet. Carnac s'éveille doucement sous un soleil généreux, prometteur d'une journée lumineuse. Je marche aux côtés de Mémé, ma grand-mère adorée. Son bras noueux est passé sous le mien, et sa démarche lente rythme notre promenade jusqu'au marché, là où chaque dimanche d'été, l'univers semble s'offrir entier.

Chez mon oncle et ma tante, le marché est une histoire de famille. Toute la semaine, levés avant l'aube, avec une dizaine d'ouvriers affairés, ils chargent les camions avec soin et partent vendre leurs trésors aux marchés des environs de Carnac : à La Trinité-sur-Mer, à Quiberon et à Auray. Je les vois revenir chaque jour, fatigués mais fiers, le sourire toujours présent malgré les heures accumulées sous le soleil estival. Ce dimanche-là, sous un soleil éclatant qui chauffe doucement les épaules, le stand familial déborde de couleurs et de parfums. Mémé serre mon bras, ravie d'être ici avec moi, dans cette joyeuse confusion où les vendeurs scandent les vertus de leurs melons charentais, vantent la fraîcheur des tomates-cerises, et clament la tendresse de leurs haricots verts cueillis la veille.

Nous avançons parmi les étals. Les fraises juteuses brillent sous le soleil comme des pierres précieuses, tandis que les pommes de terre nouvelles s'amoncellent en pyramides précises, presque artistiques. Je souris devant l'abondance des abricots mûrs, des nectarines douces, des courgettes aux verts éclatants, impeccablement alignées. Chaque fruit, chaque légume semble nous raconter une histoire secrète que seuls les yeux et les mains peuvent déchiffrer.

Mémé me murmure :

« Regarde bien, Marïa, c'est le visage heureux de l'été. »

Et je regarde mieux, attentive aux mains des ouvriers qui jonglent habilement entre les caisses et les balances, accueillant les clients

Mes vacances d'août avec Mémé, chez ma tante Malou, à Carnac.

comme on accueille des amis de longue date. Mon oncle rit fort, ma tante sourit toujours, inlassable dans sa générosité.

Puis, avec un clin d'œil malicieux, Mémé me guide vers les légumes frais. Elle inspecte minutieusement des aubergines violacées, des haricots verts, et choisit des pommes de terre nouvelles avec une expertise silencieuse et assurée, héritée d'une vie passée à nourrir les siens avec soin. Elle me murmure doucement à l'oreille :

« Ici, Marïa, chaque légume cueilli est une promesse, chaque fruit un rayon de soleil à ramener à la maison. »

Après le marché, vient la préparation du déjeuner familial. Dans la cuisine claire, les gestes de Mémé sont précis et doux. Elle épluche, découpe, assaisonne. Je l'observe comme on observe un rituel sacré. Dehors, le soleil illumine Carnac, et à l'intérieur, les saveurs se mêlent dans un ballet orchestré par ses mains ridées et délicates. C'est une chorégraphie silencieuse, un langage d'amour et d'attention.

Enfin, il est 15h30, nous passons à table sous le grand tilleul du jardin. Tout est là, disposé harmonieusement, savoureux comme un dimanche à Carnac. Mémé, le regard brillant, le sourire discret, me serre doucement la main :

« Ce sont ces moments, Marïa, qui nourrissent vraiment. Le reste, tu sais, ce n'est que du détail. »

Autour de nous, la famille parle, rit, partage. Je ferme les yeux une seconde. Et dans ce moment suspendu, je comprends que ce dimanche ensoleillé, sur ce marché vivant de Carnac, restera gravé pour toujours dans ma mémoire comme le trésor simple et éternel d'un bonheur partagé.

Le marché du jeudi à Binic :
Un festival de couleurs et de saveurs

Chaque jeudi matin d'été, c'est le même rituel : Mémé, Pépé et moi partons de Pordic, direction Binic, pour son marché animé qui s'étire le long du port. À peine arrivés, la magie opère. Les ruelles bourdonnent de conversations, les étals débordent de trésors du terroir, et l'air marin se mêle aux parfums gourmands des crêpes dorées et du caramel au beurre salé.

Pépé, comme toujours, file droit vers les producteurs. Il tient à choisir lui-même les artichauts camus pour le soufflé de ce soir.

« Il faut qu'ils soient bien serrés et lourds en main, sinon, c'est du vent ! », me glisse-t-il en scrutant les paniers du maraîcher.

Pendant qu'il marchande, je me laisse happer par l'ambiance : tissus colorés flottant au vent, paniers d'osier remplis de tomates juteuses, rires des enfants réclamant une glace à la fraise.

Un peu plus loin, les étals de poissonnerie attirent une foule curieuse. Homards de Paimpol, coquilles Saint-Jacques nacrées d'Erquy, bars argentés... tout brille sous le soleil breton.

« Rien de mieux qu'une bonne sole pour le dîner ! », lance un pêcheur à une cliente indécise.

Le marché de Binic est un rendez-vous vivant, un festival de saveurs et de rencontres. En longeant les voiliers amarrés, un kouign-amann tiède en main, je savoure l'instant. Ici, l'été a le goût du beurre salé et des souvenirs heureux.

Je me souviens encore du jour où Mémé m'a raconté l'histoire du marché de Binic. Nous étions installées sur un banc, une barquette de fraises à la main, profitant du va-et-vient des passants.

« Tu sais, Maria, ce marché ne date pas d'hier, avait-elle commencé, le regard perdu vers les voiliers du port. Depuis le XVIe siècle, Binic a toujours été un carrefour important. Grâce à sa position privilégiée sur la côte, les marins, les paysans et les négociants s'y retrouvaient pour échanger toutes sortes de marchandises. On y trouvait du poisson fraîchement pêché, du beurre, du lin, et même tout ce qu'il fallait pour équiper les navires qui partaient en haute mer. »

Je l'écoutais, fascinée, imaginant l'effervescence d'autrefois : les chevaux tirant des charrettes pleines de sacs de blé, les cris des marchands vantant leurs produits, l'odeur du poisson et du sel flottant dans l'air.

« À l'époque, il y avait plusieurs foires dans l'année, mais depuis la Révolution française, le marché a lieu tous les jeudis matin. C'est une tradition qui n'a jamais disparu », avait-elle conclu avec un sourire.

Ce soir, à table, le soufflé doré et moelleux fut un délice. Mémé raconta comment, autrefois, les artichauts étaient un mets de choix en Bretagne, témoignant de la richesse culinaire de la région. Ces moments partagés en famille autour de recettes traditionnelles restent gravés dans mon cœur, liant saveurs et souvenirs.

Soufflé d'artichaut camus de Bretagne

Temps de préparation : 20 min

Temps de cuisson : 1h15 en tout

Ingrédients :

(Pour 8 personnes)
4 gros artichauts camus de Bretagne
60 cl de lait entier fermier
50 g de beurre demi-sel
50 g de farine
6 œufs fermiers
Sel et poivre du moulin
1 pincée de noix de muscade
Beurre demi-sel et farine pour les moules

Étapes :

1. Préparer les artichauts :

Casser la queue des artichauts d'un coup sec pour retirer les parties filandreuses.

Les laver soigneusement sous l'eau froide.

Les plonger dans une grande casserole d'eau bouillante salée et laisser cuire environ 40 min (30 min en cocotte-minute).

Égoutter les artichauts en les retournant pour bien éliminer l'eau.

Retirer les feuilles et récupéret la chair des fonds d'artichauts en prenant soin d'enlever le foin.

Réduire cette chair en purée à l'aide d'un moulin à légumes ou d'un mixeur.

2. Préparer la béchamel :

Dans une casserole, faire fondre 40 g de beurre à feu moyen.

Ajouter la farine en pluie fine en remuant avec une cuillère en bois. Laisser cuire 2 min sans coloration.

Verser le lait progressivement en fouettant pour éviter les grumeaux.

Saler, poivrer et ajouter une pincée de noix de muscade si souhaité.

Laisser épaissir sur feu doux pendant 3 min puis retirer du feu.

3. Assembler le soufflé :

Incorporer la purée d'artichauts à la béchamel et bien mélanger.

Séparer les blancs des jaunes d'œufs. Ajouter les jaunes un par un à la préparation en mélangeant après chaque ajout.

Monter les blancs en neige ferme avec une pincée de sel.

Incorporer délicatement les blancs en neige à la préparation à l'aide d'une spatule, en effectuant des mouvements enveloppants pour ne pas casser l'air des blancs.

4. Cuire le soufflé :

Préchauffer le four à 180°C (th.6).

Beurrer et fariner 8 moules individuels à soufflé ou un grand moule et remplir les moules aux ¾ de leur hauteur.

Enfourner et laisser cuire environ 35 min sans ouvrir la porte du four.

5. Servir :

Servir immédiatement à la sortie du four pour profiter du soufflé bien gonflé et aérien.

Conseils et astuces :

Ce soufflé d'artichaut camus de Bretagne accompagnera à merveille des côtelettes d'agneau des prés salés ou un poisson grillé, offrant un plat délicat, raffiné et empreint du terroir breton.

Il peut également être servi en entrée avec un lit de mache fraîche.

Les galettes craquantes de Mémé

Ma grand-mère n'aimait pas les fainéants, elle se levait très tôt et s'activait toute la journée, sauf pendant sa sieste après le repas de midi. Elle naviguait sans arrêt entre la cuisine, la petite cave sous l'escalier, le jardin et le garage. On la voyait périodiquement faire des allers et retours dans la cour pour arroser ses hortensias et ses géraniums.

À la maison, elle quittait ses grolles en caoutchouc pour de jolis chaussons en laine afin d'éviter d'avoir à « panosser » le sol tous les jours. Le plus souvent, elle s'affairait dans la cuisine, pour faire dorer des brioches ou mijoter une blanquette de veau. On aimait bien se trouver dans la cuisine pour profiter de la chaleur et des bonnes odeurs, il traînait toujours quelque chose à manger sur un coin de la toile cirée élimée, entre les tas d'épluchures en partance et les casseroles sales.

La galette de sarrasin aux airs de tacos ou de makis

« Allez, ma fille, viens battre la pâte ! C'est pas en rêvassant que les galettes vont se faire ! »

Je ris et j'attrapai le grand saladier en bois que Mémé avait déposé sur la table. Elle y avait déjà versé la farine de sarrasin et le sel. D'un geste précis, elle cassa un œuf et me tendit un fouet.

« Vas-y, mélange doucement, et surtout, verse l'eau petit à petit… comme la bruine sur les ajoncs, pas comme un orage qui noie tout ! »

Je suivis ses conseils, ajoutant l'eau en filet, écoutant le son doux du liquide se mêlant à la farine. La pâte devenait lisse, satinée sous mes gestes. Mémé m'observait, les mains sur les hanches, hochant la tête avec satisfaction.

« Tu apprends vite, toi. Tu seras une vraie bretonne ! »

Je souris, fière de son compliment. Derrière nous, Pépé était accroupi devant la cheminée, rajoutant une bûche dans le feu. Il tapota ses mains l'une contre l'autre et se retourna vers nous avec un sourire en coin.

« Vous devriez mettre un peu de beurre sur la poêle maintenant, sinon les galettes vont coller et Mémé va encore râler ! »

Mémé lui lança un regard amusé avant d'attraper une noix de beurre qu'elle fit glisser sur la crêpière chaude. Un parfum irrésistible emplit aussitôt la cuisine.

« À toi de jouer, ma fille. Verse une louche et tourne la poêle d'un coup de poignet. Faut être rapide et précis. »

Je pris une inspiration et laissai couler la pâte sur la surface chaude. En penchant légèrement la poêle, je fis courir la pâte en un cercle parfait – ou presque.

« Pas mal ! approuva Mémé en retournant la galette avec un geste habile. Celle-là, c'est pour le chat, la prochaine sera meilleure. »

Nous éclatâmes de rire. C'était la tradition : la première galette était toujours imparfaite. Pépé s'approcha et en cassa un petit morceau qu'il goûta avant de hocher la tête.

« Elle a le goût des vraies, celles d'autrefois. »

Je savais qu'il parlait de celles que préparait son arrière-grand-mère, des galettes que les femmes faisaient tourner entre leurs mains expertes depuis des générations. Ce n'était pas juste une recette, c'était un héritage.

Mémé posa une galette complète, garnie de jambon breton, d'un œuf et de gruyère râpé, sur une assiette. Elle me la tendit.

« Mange pendant que c'est chaud, ça, c'est le goût de la Bretagne. »

J'ai croqué dans la galette, savourant sa texture croustillante et moelleuse à la fois, tandis que la pluie continuait de battre les fenêtres. Dehors, le vent chantait des histoires anciennes, et dedans, dans cette cuisine baignée de chaleur et d'amour, j'apprenais, à chaque geste, à chaque mot, à faire vivre la mémoire des miens.

Cette année, j'avais célébré Noël en Bretagne, ce coin de terre où l'hi-

Mémé propose une galette complète fine et croustillante comme une gavotte. Servie sur une belle assiette bretonne, elle croise les codes de la crêpe aux mille trous de Lala, ma grand-mère marocaine.

ver révèle ses multiples visages. Parfois, le soleil inondait les paysages d'une lumière dorée, illuminant un ciel d'un bleu limpide, presque irréel. D'autres jours, la grisaille s'installait doucement, enveloppant les landes et les côtes d'une atmosphère mélancolique et mystérieuse. Mon séjour hivernal oscillait entre ces deux mondes, comme si la Bretagne elle-même hésitait entre éclat et nostalgie.

La pluie fouettait la petite véranda vitrée, traçant sur les carreaux des filets d'eau qui serpentaient en silence, éclairés par le reflet vacillant des flammes dans l'âtre. Dehors, le vent soufflait avec la force des légendes, comme si les vieilles âmes bretonnes murmuraient des histoires d'un autre temps. Mais ici, dans le cocon chaleureux de la maison de Mémé et Pépé, il ne faisait ni froid ni sombre. L'odeur du bois brûlé et celle du beurre fondu enveloppaient la cuisine.

Il n'y a rien d'invraisemblable dans l'affirmation selon laquelle chez Pépé et Mémé, il était sacrilège de ne pas accompagner une galette complète, une krampouezh beurrée ou un kouign-amann fondant d'une bonne bolée de cidre. Ce breuvage était jadis l'âme de la table bretonne, un rite à part entière. Pourtant, aujourd'hui, un pichet ou une bouteille se fait rare, comme si les habitudes des Bretons avaient changé au fil des cinquante dernières années. Mémé disait souvent que le cidre portait en lui l'essence de la région, un héritage né des pommes et des mains patientes qui les avaient ramassées.

Saucisses au chou et ses pommes de terre vapeur

Ingrédients :

(Pour 4 personnes)

4 saucisses

1 gros chou vert

12 petites pommes de terre (type Charlotte)

1 verre de fond de volaille

1 verre de vin blanc sec

4 gros oignons

4 feuilles de laurier

2 branches de thym

Sel, poivre

50 g de beurre demi-sel

Persil frisé haché (pour la décoration)

Temps de préparation : 20 min

Temps de cuisson : 30 min

Étapes :

1. Cuire les saucisses et les pommes de terre :

Plonger les saucisses (sans les percer) dans une marmite remplie d'eau.

Placer un panier vapeur au-dessus et y déposer les pommes de terre préalablement épluchées. Laisser cuire à la vapeur pendant 20 min.

2. Préparer la sauce :

5 min avant la fin de la cuisson, faire fondre le beurre dans une cocotte.

Ajouter les oignons épluchés et coupés en grosses lamelles, les faire revenir jusqu'à ce qu'ils deviennent translucides.

3. Ajouter les aromates :

Verser le vin blanc et le fond de volaille dans la cocotte.

Ajouter les feuilles de laurier, les branches de thym et quelques tours de poivre. Laisser mijoter à feu doux pour que les saveurs s'harmonisent. (Pas besoin de trop saler, les saucisses au chou sont déjà bien assaisonnées.)

4. Finaliser :

Dès que les saucisses et les pommes de terre sont cuites, les retirer du panier vapeur.

Placer les saucisses dans la cocotte et disposer les pommes de terre autour. Laisser cuire à couvert, à feu doux, pendant 10 min supplémentaires pour que les saveurs s'imprègnent.

5. Servir :

Parsemer de persil frisé haché puis servir bien chaud, accompagné d'un verre de vin blanc sec pour sublimer le plat.

Conseils et astuces :

Choisissez des saucisses de qualité, si possible artisanales, pour un goût authentique.

Si vous n'avez pas de panier vapeur, vous pouvez faire cuire les pommes de terre à l'eau, mais la vapeur préserve mieux leur texture et leur saveur.

Pour une version plus légère, remplacez le beurre par une cuillère à soupe d'huile d'olive.

Si vous aimez les saveurs prononcées, ajoutez une gousse d'ail écrasée avec les oignons.

Ce plat, simple et réconfortant, est un classique des tables familiales. Il rappelle les dimanches en famille, où les odeurs de chou, de saucisse et de thym embaumaient la cuisine. Les saucisses au chou, généreuses et savoureuses, s'accordent à merveille avec les pommes de terre fondantes et la douceur des oignons caramélisés. Un plat rustique, mais plein de caractère, qui traverse les générations sans prendre une ride.

Le gigot de Mémé

Les étés en Bretagne avaient une odeur bien à eux : un mélange de sel, de bruyère... et du gigot de Mémé. Dès que je poussais la porte de sa maison à Pordic, une petite bâtisse en pierre aux volets en bois, je savais que les vacances pouvaient commencer.

Ce jour-là, je venais d'arriver après un long trajet en avion provenant de Marrakech. Ma valise était trop lourde, mes cheveux sentaient encore la ville, mais l'odeur du beurre fondu et du romarin qui flottait dans l'air me fit tout oublier.

« Mémé ! Tu fais ton gigot ? », lançai-je en filant dans la cuisine.

Elle était là, fidèle à elle-même, son tablier noué sur sa robe à fleurs, les mains occupées à piquer la chair tendre du gigot avec des morceaux d'ail.

« Bien sûr, ma douce ! Un gigot d'agneau iodé, bien tendre. Le plus raffiné reste le gigot de pré-salé, provenant d'agneaux élevés sur des terres baignées par les marées et les embruns, lui donnant une saveur unique. Rien de mieux pour fêter ton arrivée. »

Elle me tendit un couteau.

« Allez, cette fois, c'est toi qui fais les entailles. »

Je pris l'ustensile, concentrée. D'un geste appliqué, je plantai la lame dans la viande et y glissai un morceau d'ail, comme elle me l'avait appris.

« Pourquoi on fait ça ? », demandai-je, intriguée.

Mémé éclata de rire.

« Parce que c'est comme ça que ma propre grand-mère le faisait ! Et puis, l'ail, c'est magique. »

Je levai les yeux vers elle.

« Magique ?

— Oui, ma belle. Il chasse les mauvais esprits et protège la maison. Et puis, il donne du caractère à la viande ! »

Je hochai la tête, impressionnée. Tout avait une histoire avec Mémé. Même un simple gigot devenait une légende.

Nous poursuivîmes la préparation ensemble. Elle enduisit la viande d'huile d'olive, puis déposa des noisettes de beurre salé sur le dessus. Dans un coin de la cuisine, un bouquet de thym et de romarin attendait. Elle en arracha quelques branches et les déposa sur le gigot.

« Ça aussi, c'est magique ? », demandai-je, un sourire en coin.

Elle hocha la tête.

« Le romarin, c'est la mémoire des marins. Il garde les souvenirs au chaud. Comme le tien. Un jour, tu sentiras cette odeur et tout te reviendra. »

Je n'étais pas certaine de comprendre, mais j'aimais cette idée.

Nous glissâmes le plat dans le four, et je la regardai régler le minuteur.

« Et maintenant ? demandai-je, impatiente.

— Maintenant, on va marcher sur la plage. Quand on reviendra, la maison sentira le bonheur. »

Je pris sa main, et nous sortîmes sous le ciel breton, le vent jouant avec mes cheveux.

Je ne le savais pas encore, mais bien des années plus tard, dans une cuisine lointaine, je referais ce gigot. Et au premier effluve d'ail rôti et de romarin, tout me reviendrait. L'été, la maison de mes grands-parents, la main chaude de Mémé dans la mienne... et le goût de l'enfance.

Gigot d'agneau à l'ail et au romarin

Ah, le gigot d'agneau ! Un plat généreux et réconfortant, parfait pour un repas en famille. Cette recette, préparée avec soin et amour, vous donnera une viande fondante et parfumée, sublimée par l'ail et le romarin.

Temps de préparation :
35 min

Temps de cuisson :
50 min environ

Ingrédients :

(Pour 6 personnes)
1 gigot d'agneau d'environ 2 kg
2 gousses d'ail
1 tête d'ail entière (idéalement de l'ail frais)
5 c. à soupe d'huile d'olive
80 g de beurre demi-sel
fleur de sel et poivre du moulin
Quelques branches de thym frais
Quelques branches de romarin frais

Étapes :

* *Préparation :*

1. Anticiper pour une viande tendre :

Sortir le gigot du réfrigérateur 1 à 2 h avant cuisson afin qu'il revienne à température ambiante.

Déposer le gigot dans un endroit sûr, comme le four éteint, pour éviter toute intrusion d'animaux curieux.

2. Préparer le gigot :

Préchauffer votre four à 220°C.

Poser le gigot dans un plat allant au four.

Éplucher, dégermer et couper les gousses d'ail en morceaux.

Faire de petites incisions dans la chair du gigot et y insérer les morceaux d'ail.

Répartir la tête d'ail en chemise (gousses non épluchées) autour du gigot.

3. Assaisonner et aromatiser :

Masser le gigot avec l'huile d'olive.

Déposer des morceaux de beurre sur la viande.

Saler, poivrer et ajouter les branches de thym et de romarin sur le gigot et dans le plat.

Arroser d'un filet supplémentaire d'huile d'olive.

✦ Cuisson :
1. Saisir la viande :

Enfourner à 220°C pendant 15 min, en retournant le gigot à mi-cuisson pour bien le dorer sur toutes ses faces.

2. Cuire doucement et arroser :

Baisser la température à 200°C et poursuivre la cuisson pendant 15 min, en arrosant régulièrement avec le jus de cuisson.

Ajouter 20 cl d'eau chaude dans le plat, gratter les sucs pour enrichir la sauce.

3. Dernière étape :

Poursuivre la cuisson à 200°C encore 15 min, en continuant d'arroser.

4. Vérifier la cuisson :

Pour une cuisson rosée, compter 12 à 15 min par 500 g, soit

50 min environ pour un gigot de 2 kg.

À l'aide d'un thermomètre, viser 55°C à cœur pour une viande rosée.

Piquer la pointe d'un couteau : si le jus reste rouge, poursuivre un peu la cuisson.

Laisser reposer 10 min sous une feuille de papier aluminium, afin que les jus se redistribuent dans la viande.

✦ *Servir :*

Récupérer le jus de cuisson et l'ail confit pour les verser dans une saucière. Si nécessaire, faire réduire la sauce quelques min à la casserole.

Servir le gigot tranché, nappé d'un peu de jus, accompagné idéalement de cocos de Paimpol, ces haricots blancs au goût délicat, ou de pommes de terre rôties.

 Conseils et astuces :

N'en laissez pas une miette ! Transformez les restes du gigot en un délicieux Parmentier :

1. Hachez les restes de viande et mélangez-les avec la sauce.

2. Préparez une purée maison bien onctueuse.

3. Dans un plat, disposez la viande puis recouvrez de purée.

4. Enfournez à 200°C jusqu'à ce que le dessus soit doré.

5. Servez avec une salade bien relevée, un vrai régal !

La blanquette de veau unique de Mémé

La cuisine de Mémé, c'était un royaume. Un lieu qui sentait toujours quelque chose : le beurre fondu, le lait chaud, le sucre caramélisé ou, les jours de fête, ce bouillon velouté qui annonçait la blanquette de veau.

Je passais mes étés à Pordic, maison bretonne aux volets en bois, un bout du monde que l'iode enveloppait comme un châle. J'aimais l'odeur du large au petit matin, la marée qui déposait son sel sur les vitres et les goélands criards qui venaient chaparder le pain qu'on laissait dehors. Mais ce que j'aimais le plus, c'était la cuisine de Mémé, là où tout se racontait. Les potages, les tartes, les gratins, mais surtout la blanquette de veau.

La première fois que j'ai assisté à la préparation, j'avais huit ans. J'étais juchée sur une chaise en bois, les coudes sur la table de ferme qui sentait la cire et la farine. Mémé, elle, préparait ses ingrédients comme on aligne des soldats avant bataille. Une vieille cocotte noire, cabossée par le temps, trônait sur le feu, un bouillon clair frémissait dedans.

« Aujourd'hui, ma chérie, on fait la vraie blanquette. La seule, l'unique. »

Elle parlait en découpant les morceaux de veau avec une précision qui relevait presque du rituel.

« Pas trop petits, sinon ils se perdent dans la sauce. Pas trop gros, sinon ça ne fond pas dans la bouche. Tout est dans l'équilibre. »

Elle saisissait une poignée de carottes émincées et les laissait glisser dans le bouillon. Une pluie d'oignons perlés suivait. Chaque geste était sûr, mesuré.

« Et le secret, c'est quoi ? », avais-je demandé, fascinée par la danse de ses mains.

Elle avait souri et versé une louche de crème épaisse avant de remuer doucement.

« Le secret, c'est le temps. Faut laisser mijoter, laisser la magie opérer. »

Je regardais le couvercle osciller sous la vapeur, hypnotisée par l'odeur qui s'élevait. Une odeur douce, ronde, enveloppante. L'odeur de la patience, de la tendresse, du soin. Mémé ne regardait jamais de recettes, tout était dans sa tête, ou plutôt dans son corps. Elle goûtait, fermait les yeux, et savait.

« Tu vois, la blanquette, c'est pas juste un plat. C'est une histoire. C'est une promesse. »

Je ne comprenais pas tout à l'époque, mais j'aimais l'idée que la cuisine puisse être un langage, un conte qu'on raconte sans mots.

Quand enfin la sauce fut nappante et luisante comme de la soie blanche, Mémé retira la cocotte du feu et me tendit une cuillère en bois.

« Allez, goûte. Dis-moi ce que tu en penses. »

Je soufflai dessus, pris une bouchée. La viande était tendre, la sauce légèrement citronnée, le goût indescriptiblement réconfortant.

« C'est comme... du coton chaud dans la bouche. »

Elle a éclaté de rire.

« Alors, c'est réussi. »

Le soir, on a tous mangé la blanquette avec du riz, Pépé, Mémé, Tante Josiane, son mari Roland et leurs deux enfants, sur la vieille nappe à carreaux rouges. Chaque bouchée me semblait un trésor.

Les années ont passé, mais ce goût est resté. Chaque fois que je respire l'odeur d'une blanquette en train de cuire, c'est l'été à Pordic qui revient, la voix de Mémé, le bruit du couteau sur la planche, la vapeur qui danse sous la hotte. Et je comprends enfin ce qu'elle voulait dire.

La blanquette, ce n'est pas juste un plat. C'est un héritage. Une main tendue à travers le temps. Une manière de dire « je t'aime » sans parler.

Et chaque fois que je la cuisine, Mémé est là. Dans la vapeur, dans la crème, dans le temps suspendu d'un plat qui mijote doucement.

La blanquette de veau de Mémé

Je me souviens de ce jour dans la cuisine de Pordic, avec Mémé, un après-midi où l'odeur du beurre fondu et du bouillon embaumait la maison. « Aujourd'hui, ma petite Marïa, tu vas apprendre à faire la vraie blanquette bretonne ! », me dit-elle, avec ce regard plein de malice.

Temps de préparation : 25 min

Temps de cuisson : 1h30

Ingrédients :

(Pour 8 personnes)
2 kg de poitrine ou flanchet de veau
3 carottes
1 gros oignon piqué de 4 clous de girofle
1 bouquet garni (persil, thym, laurier, gousse d'ail)
250 g de petits oignons grelots
150 g de champignons de Paris émincés
125 g de beurre demi-sel
75 g de farine
3 jaunes d'œufs
200 ml de crème fraîche
Le jus d'un citron
Sel, poivre

Étapes :

1. Cuire la viande :

Dans une grande marmite, faire revenir les morceaux de veau dans une noisette de beurre jusqu'à ce qu'ils soient légèrement dorés.

Ajouter de l'eau pour couvrir la viande, puis les carottes en rondelles, l'oignon piqué de clous de girofle, et le bouquet garni.

Porter à ébullition, écumer soigneusement, puis laisser mijoter à feu doux pendant 1h30.

2. Préparer la sauce et les légumes :

Pendant la cuisson, faire revenir les oignons grelots et les champignons dans un peu de beurre.

Préparer un roux blanc : faire fondre 75 g de beurre, incorporer la farine, puis ajouter petit à petit le bouillon filtré de la viande, jusqu'à obtenir une sauce épaisse et onctueuse.

3. Lier la sauce :

Hors du feu, mélanger la crème fraîche, les jaunes d'œufs et le jus de citron.

Incorporer doucement cette préparation à la sauce sans faire bouillir.

4. Dresser et servir :

Disposer la viande dans un grand plat, ajouter les légumes et napper généreusement de sauce.

Servir chaud avec du riz ou des pommes de terre vapeur.

Mémé disait toujours : « Une blanquette réussie, c'est une histoire d'équilibre. Douceur, acidité et patience, comme dans la vie. » Et c'est vrai, car chaque bouchée me ramenait à ce petit coin de Bretagne, où tout goûtait la tendresse.

Le poulet du dimanche :
Une recette, une mémoire

Je me souviens de ce dimanche à Pordic, chez Mémé et Pépé. Le matin, Mémé avait déjà les mains dans la farine quand elle a demandé à Pépé d'aller chercher un bon poulet pour le rôti.

« Pas de poulet sarthois de Loué, trop gras. Trouve-nous un poulet d'ici, peau claire et sans taches, maigre et tendre », avait-elle insisté.

Pépé était parti sans discuter, et moi, j'étais restée dans la cuisine avec Mémé, prête à apprendre les secrets de son poulet rôti.

Mémé avait sorti un poulet fermier, la peau fine et luisante. Elle l'avait posé sur la table en bois, et j'avais senti son parfum terreux, presque vivant.

« Maria, regarde bien, c'est important », avait-elle dit en commençant à préparer le poulet.

Elle l'avait rincé sous l'eau froide, puis séché soigneusement avec un torchon propre.

« La peau doit être bien sèche pour qu'elle devienne croustillante », m'avait-elle expliqué.

Ensuite, elle avait pris du gros sel et l'avait frotté sur tout le poulet, à l'intérieur comme à l'extérieur.

« Ça, c'est pour relever la saveur », avait-elle dit en souriant.

Puis elle avait glissé des herbes de Provence, du thym et du romarin sous la peau, ainsi qu'une noix de beurre.

« Le beurre, c'est pour que la chair reste moelleuse », avait-elle ajouté en enfonçant délicatement ses doigts sous la peau.

Elle avait aussi placé deux gousses d'ail à l'intérieur du poulet.

« L'ail, c'est magique, ça parfume tout », avait-elle murmuré.

Mémé avait ensuite bridé le poulet, attachant les cuisses avec de la ficelle et repliant les ailes.

« Comme ça, il cuira uniformément », avait-elle expliqué.

Pendant ce temps, le four préchauffait à 200°C. Elle avait fait dorer le poulet dans une cocotte avec un filet d'huile, jusqu'à ce que la peau soit bien dorée sur toutes les faces.

« Ça, c'est pour sceller les saveurs », avait-elle dit en le transférant dans un plat en pyrex.

Autour du poulet, elle avait disposé des pommes de terre coupées en morceaux et des haricots verts.

« Les légumes, ils vont cuire dans le jus du poulet, ça va être délicieux », avait-elle promis.

Elle avait enfourné le plat, cuisses vers le fond, et avait arrosé le poulet toutes les quinze minutes avec son jus de cuisson. L'odeur qui commençait à emplir la cuisine était envoûtante, un mélange d'herbes, d'ail et de peau qui croustille.

Après environ 1 heure 15, Mémé avait vérifié la cuisson en piquant la cuisse avec un couteau. Le jus qui en sortait était clair.

« C'est prêt », avait-elle annoncé en sortant le plat du four.

Elle avait couvert le poulet d'une feuille d'aluminium et l'avait laissé reposer quinze minutes.

« Le repos, c'est important, ça permet aux jus de se répartir », avait-elle expliqué.

Pendant ce temps, elle avait préparé le jus de cuisson. Elle avait dégraissé légèrement le jus, ajouté un peu d'eau et rectifié l'assaisonnement.

« Le jus, c'est la cerise sur le gâteau », avait-elle dit en versant un peu sur le poulet avant de servir.

Quand nous nous sommes assis à table, le poulet était parfait. La peau était fine et croustillante, la chair moelleuse et parfumée. Les légumes, imprégnés du jus de cuisson, étaient un régal. Mémé m'avait regardée avec un sourire satisfait.

« Tu vois, Marïa, un bon poulet, ça se respecte. Et surtout, ça se partage. »

Ce jour-là, j'ai compris que la cuisine de Mémé, c'était bien plus qu'une recette. C'était une histoire, une tradition, un amour transmis à travers les générations. Et ce poulet rôti, c'était un peu de tout ça, dans chaque bouchée.

Le poulet rôti de Mémé, c'est l'odeur du dimanche, la chaleur des repas familiaux, et la promesse d'un moment partagé. Une recette simple, mais chargée d'amour et de souvenirs.

Recette du poulet rôti de Mémé

Temps de préparation : 20 min

Temps de cuisson : 1h15

Ingrédients :

(Pour 4 à 6 personnes)
1 poulet breton fermier (environ 1,5 kg)
Gros sel et poivre du moulin
Herbes de Provence, thym, romarin
2 gousses d'ail
4 grosses noix de beurre demi-sel
1 filet d'huile d'olive
Pommes de terre et haricots verts (pour l'accompagnement)

Étapes :

1. *Rincer et sécher soigneusement le poulet.*
2. *Frotter l'intérieur et l'extérieur avec du gros sel et du poivre.*
3. *Glisser les herbes aromatiques, l'ail et la noix de beurre sous la peau.*
4. *Brider le poulet (attacher les cuisses et replier les ailes).*
5. *Préchauffer le four à 200°C (thermostat 6-7).*
6. *Faire dorer le poulet sur toutes ses faces dans une cocotte avec un filet d'huile.*
7. *Transférer le poulet dans un plat allant au four, ajouter les légumes autour.*
8. *Enfourner, cuisses vers le fond, et arroser régulièrement avec le jus de cuisson.*

9. Cuire environ 1h-1h15, jusqu'à ce que les jus de la cuisse soient clairs.

10. Laisser reposer 15 min avant de servir.

Conseils et astuces :

Choisir un poulet fermier de qualité (Label Rouge ou AOP).

Bien sécher la peau pour qu'elle soit croustillante.

Ne pas saler le plat de cuisson pour éviter que les jus ne soient trop salés.

Servir avec un jus de cuisson légèrement dégraissé et ajusté en assaisonnement.

Pavé de bœuf à la salicorne de Mémé

Chaque été, je retrouvais Mémé dans sa maison de Pordic, en Bretagne. Chaque mercredi, nous arpentions le marché de Saint-Brieuc, là où les étals regorgeaient de trésors. L'air, chargé d'odeurs iodées et de parfums fruités, nous guidait entre les maraîchers et poissonniers. Nous saluions le vendeur de homards bleus de Paimpol, admirions les coquilles Saint-Jacques, tandis qu'une maraîchère aux mains terreuses nous tendait des tomates gorgées de soleil.

Ce jour-là, Mémé me montra un sac rempli de salicornes fraîches. Elle m'expliqua que cette plante maritime, surnommée « cornichon de mer », était autrefois consommée par les marins bretons pour prévenir le scorbut. Aujourd'hui, elle est un mets prisé des gourmets.

Le soir, Mémé décida de préparer un pavé de bœuf à la salicorne. Après avoir lavé et blanchi la plante pour conserver son croquant, elle fit dorer la viande dans du beurre chaud, l'arrosant soigneusement. Une fois cuite à point, elle ajouta les salicornes dans la poêle pour les enrober des sucs de cuisson, me rappelant de ne pas ajouter trop de sel.

À table, savourant l'alliance du bœuf tendre et du croquant iodé de la salicorne, elle me raconta comment, autrefois, les habitants des côtes bretonnes la récoltaient lors des marées basses pour enrichir leurs repas. Ces instants partagés avec Mémé m'ont transmis bien plus que des recettes : ils m'ont offert l'héritage vivant des traditions culinaires bretonnes.

Pavé de bœuf à la salicorne

Ingrédients :

(pour 6 personnes)

6 pavés de bœuf (selon l'appétit, environ 180-200g chacun)

600 g de salicornes fraîches

50 g de beurre demi-sel

2 c. à soupe d'huile neutre (tournesol ou pépins de raisin)

2 gousses d'ail

Poivre du moulin

Fleur de sel (facultatif, à ajuster selon la salinité des salicornes)

1 filet de jus de citron (optionnel, pour rehausser les saveurs)

Temps de préparation : 20 min

Temps de cuisson : Quelques min

Étapes :

1. Préparer les salicornes :

Trier et rincer soigneusement les salicornes sous l'eau claire pour enlever tout résidu de sable.

Porter une grande casserole d'eau à ébullition et y plonger les salicornes pendant 2 min.

Égoutter immédiatement et les plonger dans un saladier d'eau glacée pour stopper la cuisson et préserver leur couleur et leur croquant.

Égoutter à nouveau et réserver.

2. Cuire les pavés de bœuf :

Dans une grande poêle bien chaude, faire fondre le beurre

avec l'huile.

Ajouter les gousses d'ail écrasées et les laisser infuser quelques instants.

Déposer les pavés de bœuf et les saisir 2 à 3 min de chaque côté pour une cuisson saignante (adapter selon les goûts).

Arroser régulièrement la viande avec le beurre fondu à l'aide d'une cuillère pour lui donner une belle coloration et du moelleux.

Une fois cuits selon votre préférence, retirer les pavés et les laisser reposer 5 min sous une feuille de papier aluminium.

3. Cuire les salicornes :

Dans la même poêle, ajouter les salicornes et les faire revenir 1 à 2 min dans les sucs de cuisson.

Poivrer légèrement et, si besoin, rectifier l'assaisonnement en sel (goûter avant, car la salicorne est naturellement salée).

Ajouter un filet de jus de citron pour une touche de fraîcheur (optionnel).

4. Dresser et servir :

Déposer un pavé de bœuf sur chaque assiette et répartir les salicornes en garniture.

Servir aussitôt, accompagné de pommes de terre vapeur, d'un écrasé de pommes de terre ou de légumes grillés.

Bon appétit !

Les bonnes fraises du jardin de Mémé

C'était une douce matinée d'été à Pordic, et le jardin de Pépé débordait de vie. Il avait enfilé son fidèle chapeau de paille, usé par des années de labeur sous le soleil breton, et m'avait tendu un petit panier en osier.

« Allez, Marïa, c'est le moment idéal pour cueillir les fraises. Le soleil les a réchauffées, elles sont au summum de leur saveur. »

En marchant dans les rangées bien entretenues, il m'expliquait fièrement :

« Tu vois, Marïa, pour avoir des fraises comme celles-ci, il faut du soin. D'abord, on les plante au bon endroit, là où elles reçoivent assez de soleil, mais sans être brûlées par les vents marins. On les protège avec une bonne couche de paille pour éviter que l'humidité ne les abîme, tout en empêchant les mauvaises herbes de leur voler leurs nutriments. »

À genoux devant les plants, je cueillais les fruits rouges, sucrés et encore tièdes du soleil, en suivant ses conseils :

« Ne tire pas, tourne délicatement la fraise pour ne pas blesser le plant. »

Chaque fruit récolté finissait dans le panier, sauf peut-être un ou deux, que je ne résistais pas à goûter. Pépé riait :

« Pas trop dans ta bouche, hein ! Il faut en laisser pour la recette. »

De retour dans la cuisine, l'air embaumait la vanille. Mémé préparait sa glace maison avec les grains qu'elle venait de gratter d'une gousse.

« Aujourd'hui, Marïa, c'est toi qui vas faire la marinade », déclara-t-elle en souriant.

Avec soin, j'équeutais les fraises, avant de les couper en fines tranches sous son regard attentif. Ce jour-là, j'ai appris que cultiver et cuisiner les fraises, c'était un art, une passion transmise de génération en génération.

Sucre

Jardin de Mémé et Pépé, Pordic.

Fraises au sucre et glace vanille de Mémé

Ingrédients :

(pour 8 personnes)
1 kg de fraises fraîches
250 g de sucre en poudre
1 l de glace vanille maison ou artisanale
1 gousse de vanille de Madagascar

Option glace maison :

500 ml de crème entière
250 ml de lait entier
100 g de sucre
Les grains d'une gousse de vanille

Temps de préparation :
15 min
ou 40 min avec la glace maison

Étapes :

1. Préparer les fraises :

Après les avoir lavées et équeutées, couper les fraises en quartiers ou en tranches.

Placer les fraises dans un grand bol et saupoudrer de sucre.

Mélanger délicatement et laisser reposer 20 à 30 min pour qu'elles libèrent leur jus.

2. Préparer la glace à la vanille (option maison) :

Mélanger la crème, le lait, le sucre, et les grains de la gousse.

Faire prendre au congélateur en mélangeant régulièrement avec une fourchette pour éviter les cristaux.

3. Dresser et servir :

Dans des coupes ou des assiettes, déposer une boule de glace vanille, puis ajouter les fraises marinées avec un filet *de leur jus.*

Décorer avec quelques feuilles de menthe pour une touche de fraîcheur.

Un souvenir :

Alors que je finissais ma coupe, Pépé, pipe en main, lança :

« Tu sais, Maria, ces fraises, elles poussent mieux parce que je leur parle. »

Et moi, la bouche pleine, je n'en doutais pas une seconde. Chez mes grands-parents, tout avait un goût unique, celui de l'amour et du soin qu'ils mettaient dans chaque chose.

Poires Belle-Hélène

J'étais en vacances chez mes grands-parents, à Pordic, ce petit coin de paradis breton que j'adorais tant. Mon pépé, fidèle à ses habitudes, s'était aventuré dans le jardin pour cueillir des poires bien mûres sur l'arbre qu'il bichonnait avec amour. Pendant ce temps, assise sur la vieille chaise en bois, je regardais ma mémé s'affairer en cuisine. Elle alignait les ingrédients sur la table : du chocolat, une gousse de vanille, un bol de sucre… Tout était prêt pour les poires Belle-Hélène.

« Il ne manque plus que les poires de ton pépé », disait-elle en souriant, tout en préparant avec soin ce goûter qui promettait d'être aussi délicieux que mémorable.

C'est alors qu'elle m'a raconté une histoire que je n'ai jamais oubliée :

« Tu sais, en Bretagne, les poires Belle-Hélène, bien qu'elles viennent de Paris, étaient souvent servies lors des mariages à la campagne. On disait qu'elles symbolisaient l'amour et la fertilité. La douceur de la poire et l'intensité du chocolat, c'était comme les jeunes mariés : différents, mais parfaitement complémentaires. »

Elle s'est arrêtée un instant, le regard rêveur, avant d'ajouter :

« On croyait aussi que si la poire était bien pochée, sans éclater ni se déchirer, cela présageait une vie de couple paisible et harmonieuse. Alors, chaque cuisinière faisait de son mieux pour que ses poires soient parfaites. »

Je l'écoutais, fascinée, tandis que le parfum des poires fraîches emplissait l'air. Ce jour-là, j'ai compris que la cuisine, chez mes grands-parents, était aussi faite de souvenirs et de symboles. Les poires Belle-Hélène renfermaient une part d'histoire et de magie.

Bien des années après le départ de mes grands-parents bretons, j'appris la véritable origine des Poires Belle-Hélène. Ce dessert, si élégant, tire son nom d'Hélène de Troie, mais aussi de l'opérette *La Belle Hélène* du célèbre Offenbach. Créée en 1864, cette œuvre connut un succès retentissant, porté par Hortense Schneider, la cantatrice qui incarnait Hélène. Son éclat fut tel qu'il inspira non seulement ce dessert aux poires, mais aussi une viande et une garniture. Une histoire aussi savoureuse que le plat lui-même !

Poires Belle-Hélène :
La recette traditionnelle de Mémé

Ingrédients :

(Pour 4 personnes)

4 belles poires (variété Williams de préférence)

1 l d'eau

200 g de sucre

1 gousse de vanille

200 g de chocolat noir pâtissier

100 ml de crème liquide entière

4 boules de glace vanille

Quelques amandes effilées grillées pour la décoration

Temps de préparation : 20 min

Temps de cuisson : 20 min

Étapes :

1. Préparer les poires pochées :

Peler les poires en gardant leur tige intacte.

Dans une grande casserole, porter à ébullition l'eau, le sucre et la gousse de vanille fendue.

Plonger les poires dans ce sirop frémissant et laisser cuire doucement pendant 15 à 20 min, jusqu'à ce qu'elles soient tendres.

Égoutter délicatement les poires et laisser refroidir.

2. Préparer la sauce au chocolat :

Faire fondre le chocolat noir au bain-marie avec la crème liquide.

Mélanger doucement jusqu'à obtenir une sauce lisse et

Jardin de Mémé et Pépé, Pordic.

brillante.

3. Dresser le dessert :

Disposer une poire pochée sur une assiette, ajouter une boule de glace vanille à côté et napper généreusement le tout de sauce au chocolat.

Parsemer d'amandes effilées grillées pour une touche croustillante.

Servir immédiatement.

Le far breton :
Une histoire de tradition et de douceur partagée

C'était un de ces soirs d'été à Pordic, où la lumière dorée baignait la cuisine de mes grands-parents. Mon grand-père, pipe à la main, observait ma grand-mère s'affairer autour d'un plat de far breton encore fumant.

« Tu sais, le far, c'était pas toujours un dessert », lança-t-il, avec ce ton qui annonçait une histoire.

Il expliqua que, jadis, dans les fermes bretonnes, on préparait le far avec de simples ingrédients à portée de main : farine, lait, œufs.

« Pas de pruneaux à l'époque, c'était un repas, pas une gourmandise », précisa-t-il en souriant.

Ma grand-mère ajouta en mélangeant du beurre fondu :

« Le mot 'far', ça vient du latin 'farina', la farine de blé. C'était le pain des jours pressés. »

Je l'écoutais, fascinée, pendant qu'elle détaillait comment le far avait évolué, passant d'un plat paysan à un dessert incontournable.

« Quand les pruneaux sont arrivés, ils ont transformé ce gâteau rustique en une douceur digne des repas de fête », conclut-elle, tout en déposant fièrement le far doré sur la table.

Ce soir-là, en partageant une part généreuse, j'ai compris que le far breton n'était pas seulement un dessert. C'était un morceau d'histoire, une transmission de simplicité et de convivialité, le tout enveloppé dans les souvenirs chaleureux d'un été breton.

far aux pruneaux façon Mémé

Ingrédients :

(Pour 6 personnes)
750 ml de lait entier fermier
300 g de pruneaux moelleux dénoyautés
170 g de farine tamisée
100 g de sucre en poudre
4 œufs frais fermiers
1 pincée de sel
1 c. à soupe de rhum ambré ou d'eau de fleur d'oranger
20 g de beurre demi-sel (pour le moule et la finition)

Temps de préparation : 15 min

Temps de cuisson : 40 min

Étapes :

1. Préparer la base :

Préchauffer le four à 180°C.

Beurrer généreusement un moule à gratin ou un moule à tarte en céramique.

2. Mélanger la pâte :

Dans un grand saladier, tamiser la farine et ajouter la pincée de sel.

Incorporer les œufs un à un en fouettant vigoureusement pour éviter les grumeaux.

Ajouter le sucre et mélanger jusqu'à obtenir une pâte lisse.

3. Ajouter le lait et le parfum :

Verser le lait petit à petit dans la pâte tout en mélangeant *pour une consistance homogène.*

Parfumer avec le rhum ou l'eau de fleur d'oranger selon votre préférence.

4. Intégrer les pruneaux :

Le far breton peut être préparé sans garniture, mais il révèle pleinement sa saveur lorsqu'il est agrémenté de pruneaux :

Répartir les pruneaux de façon uniforme dans le moule beurré.

Verser délicatement la pâte par-dessus pour bien les enrober.

5. Cuire le far :

Déposer quelques noisettes de beurre à la surface pour une belle coloration.

Enfourner pour 35 à 40 min. Le far est prêt lorsqu'il est bien doré et légèrement gonflé.

6. Laisser reposer et servir :

Laisser refroidir à température ambiante pour que le far se raffermisse et concentre ses saveurs.

Servir à même le moule pour un esprit convivial ou découper le far avec soin pour une présentation élégante.

Un dessert intemporel, à la fois simple et raffiné, qui incarne la douceur des souvenirs d'enfance.

Bon appétit !

Conseils et astuces :

Voici les précieux conseils de ma grand-mère pour réussir un far parfait :

Privilégiez toujours des ingrédients frais et de qualité, en particulier les œufs et le lait.

Tamisez soigneusement la farine pour obtenir une pâte lisse et sans grumeaux.

Lorsque vous incorporez le lait chaud, continuez de mélanger énergiquement pour une texture homogène.

N'oubliez pas de beurrer généreusement non seulement le fond, mais aussi les bords du moule, pour un démoulage facile.

Après la cuisson, laissez le far reposer avant de le déguster. Ce temps de pause permet aux saveurs de s'épanouir et aux textures de se stabiliser.

Un dimanche de Pâques à Marrakech

Ce dimanche de Pâques, le soleil se levait doucement sur Marrakech, illuminant les ruelles de la ville d'une lumière dorée. Pépé et Mémé, mes grands-parents, étaient venus me rendre visite comme ils le faisaient chaque année. Ce matin-là, nous nous étions tous préparés pour assister à la messe de Pâques à l'église des Saints-Martyrs, dans le quartier du Guéliz. Pour moi, c'était un moment spécial, un mélange de tradition familiale et de spiritualité, dans cette ville où l'islam domine mais où la tolérance religieuse offre un espace à toutes les croyances.

Mémé, toujours élégante avec son châle léger posé sur les épaules, ses mocassins à talons et son rouge à lèvres éclatant, m'avait expliqué en chemin l'importance de ce jour.

« Pâques, ma chérie, c'est la célébration de la résurrection de Jésus. Après sa crucifixion, il est revenu à la vie, accomplissant la promesse de Dieu et montrant qu'il est le sauveur de l'humanité. »

Ses mots résonnaient en moi, simples mais profonds, porteurs d'une histoire qui traversait les siècles. Pépé, lui, en tirant sur sa pipe, marchait à nos côtés, silencieux mais présent, son regard posé sur les façades blanches de la ville.

En arrivant à l'église, j'ai été frappée par la simplicité de son architecture. Construite en 1928, elle se dressait là, sobre et solide, avec ses lignes épurées conçues par l'architecte et urbaniste Henri Prost. À l'intérieur, l'espace était vaste, baigné d'une lumière douce qui filtrait à travers les vitraux. Derrière l'autel, une fresque des frères Bouton attirait immédiatement l'attention : un Christ ressuscité, majestueux et apaisant, semblait veiller sur l'assemblée. Mon père m'avait raconté que cette fresque était un chef-d'œuvre des Arts déco, et je pouvais comprendre pourquoi. Elle dégageait une force tranquille, comme un rappel silencieux de l'espérance que représentait Pâques.

La messe à l'église de Marrakech, Pâques.

L'église était pleine ce matin-là. Environ trois cents personnes s'étaient rassemblées, dont une majorité de touristes venus de différents horizons, mais aussi quelques étudiants subsahariens et des membres de la communauté catholique locale. La diversité des visages, des langues et des cultures m'a toujours impressionnée dans cette église. C'était comme un microcosme du monde, un lieu où les différences semblaient s'effacer devant une foi commune.

La messe a commencé, portée par les voix des trois prêtres franciscains qui desservaient l'église. Leur présence rappelait l'histoire riche et parfois douloureuse de cette communauté. Papa m'avait parlé des cinq martyrs franciscains, exécutés au XIIIe siècle pour avoir prêché leur foi en terre musulmane. Leur sacrifice, bien que lointain, semblait encore résonner dans ces murs, comme un écho silencieux de leur courage et de leur dévotion.

Pendant la célébration, j'ai été touchée par la ferveur de l'assemblée. Les chants, les prières, les lectures bibliques – tout semblait s'unir pour créer un moment de grâce. Quand le prêtre a prononcé l'homélie, évoquant la résurrection et l'espérance qu'elle incarnait, j'ai senti une émotion particulière m'envahir. Pâques, c'était bien plus qu'une fête religieuse. C'était un rappel que, même dans les moments les plus sombres, la lumière pouvait triompher.

À la fin de la messe, nous sommes sortis lentement, bercés par les dernières notes de l'orgue. Pépé et Mémé marchaient devant moi, main dans la main, et j'ai réalisé à quel point ces moments étaient précieux. Ils étaient un lien entre les générations, une manière de transmettre des valeurs, des croyances, mais aussi une simple joie d'être ensemble.

Dehors, le soleil était maintenant haut dans le ciel, inondant Marrakech de sa chaleur bienveillante. Nous avons marché en silence un moment, puis Mémé s'est arrêtée et m'a pris la main.

« Tu sais, Maria, peu importe où l'on vit ou ce que l'on croit, ce qui compte, c'est d'avoir la foi en quelque chose de plus grand que soi. »

J'ai hoché la tête, émue par ses mots. Dans cette ville où l'islam et le catholicisme coexistaient paisiblement, j'avais l'impression d'avoir touché du doigt une vérité universelle : celle de la tolérance, de l'amour et de l'espérance.

Ce dimanche de Pâques resterait gravé dans ma mémoire, comme un moment de spiritualité, et un rappel de la beauté de la vie, de la famille et de la foi. Et alors que nous rentrions à la maison, je me suis dit que, peut-être, c'était ça la véritable résurrection : renaître, chaque jour, à l'amour et à la lumière.

Le goût du silence : une transmission bretonne

Mes meilleurs souvenirs prennent racine à Pordic, ce petit coin de Bretagne où la mer se confond avec le ciel, où les embruns salés se mêlent à l'odeur du beurre demi-sel qui fond dans la poêle. Mais avant d'être Marïa, je suis la petite-fille de Mémé, une femme au caractère bien trempé, une Bretonne qui portait ses cheveux gris comme une couronne et ses mains calleuses comme des médailles. Elle était rude, oui, mais d'une douceur infinie, comme ces galettes de blé noir qu'elle préparait avec une précision d'horloger, craquelées à l'extérieur et moelleuses à l'intérieur.

Mémé, c'était une forteresse. Elle parlait peu, mais chaque mot pesait son poids de sel. Et tout ce qu'elle avait à dire, tout ce qu'elle voulait transmettre, passait par ses mains. Par sa cuisine. Sa cuisine, c'était son langage, son héritage, sa façon de nous envelopper, de nous protéger, de nous aimer.

Je me souviens des matins d'hiver, quand le vent soufflait si fort qu'on aurait cru entendre les korrigans chanter dans les landes. Mémé se levait avant l'aube, allumait le feu dans la vieille cuisinière en fonte, et commençait à pétrir la pâte à kouign-amann. Elle disait toujours :

« Le secret, c'est le temps. Il faut laisser le beurre et le sucre travailler ensemble, lentement, comme une danse. »

Et moi, assise sur le tabouret en bois, je la regardais faire, hypnotisée par ses gestes précis, presque rituels. Elle ne mesurait jamais rien, tout était à l'instinct, comme si ses mains connaissaient la recette par cœur, comme si elles se souvenaient de toutes les générations de femmes qui avaient fait ce même geste avant elle.

Et puis il y avait les jours de marché, à Binic. Mémé m'emmenait avec elle, et nous marchions entre les étals colorés, elle choisissant soigneusement les poissons les plus frais, les pommes les plus juteuses pour la tarte Tatin. Elle marchait droit, la tête haute, comme une reine, et les commerçants la saluaient avec respect. « Bonjour, Madame Le Gall », disaient-ils, et elle répondait d'un simple hochement de tête, un sourire à peine esquissé aux lèvres.

Mais c'était à la maison que Mémé se révélait vraiment. Dans sa cuisine, elle était une magicienne. Elle transformait les ingrédients les plus simples en festins. Le far breton, par exemple, c'était bien plus qu'un dessert. C'était une histoire, une tradition, un morceau de Bretagne qu'elle nous offrait à chaque bouchée. Elle disait :

« Le far, c'est comme la vie. Simple, mais riche. Modeste, mais profond. »

Et quand elle le sortait du four, doré et parfumé, elle le laissait refroidir sur le rebord de la fenêtre, et l'odeur se répandait dans toute la maison, mêlée à celle des fleurs de genêt et de la mer toute proche.

Mémé m'a appris à cuisiner, mais pas seulement. Elle m'a appris à écouter le silence, à comprendre ce qui ne se dit pas. Elle m'a appris que l'amour peut se nicher dans une pincée de sel, dans une touche de beurre, dans une attention discrète. Elle m'a appris à être forte, comme elle, mais aussi à être douce, comme ses crêpes légères qui fondent dans la bouche.

Aujourd'hui, quand je retourne à Pordic, je marche sur les sentiers côtiers, je respire l'air salin, et je sens sa présence partout. Dans le bruit des vagues, dans le craquement des galettes sous la dent, dans le murmure du vent. Mémé n'est plus là, mais elle est partout. Elle est dans mes mains quand je pétris la pâte, dans mon cœur quand je cuisine pour ceux que j'aime. Elle est ce silence immense qui contient tout, ce battement de paupières qui enferme un monde entier.

Et je sais que, quelque part, elle me regarde, avec ce petit sourire en coin, et qu'elle murmure :

« Continue, ma petite. Continue. »

II.
Souvenirs et recettes de Lala
ma grand-mère marocaine

Les mains de Lala

Je me souviens de ses mains. Elles étaient grandes, veinées, marquées par les années, mais si douces. Des mains qui savaient tout faire : pétrir le pain, broder les étoffes, caresser mes cheveux. Je me souviens encore de ses mains magiques, baignées dans l'huile d'olive, étonnamment légères et simplement guérisseuses, qui massaient longuement mon dos douloureux.

Aujourd'hui, ces mêmes mains vivent loin de moi, à Marrakech, tandis que je suis ici, en France, avec Gabriel. Parfois, je les imagine, posées sur le rebord de la fenêtre, regardant vers l'horizon, comme si elles cherchaient à toucher ce qui est devenu inaccessible. Elles doivent trembler un peu, ces mains, non pas de vieillesse, mais de l'absence qui les ronge. Je les entends presque, murmurant mon nom dans le silence de la maison vide. Elles me manquent, ces mains. Elles me manquent comme une partie de moi qui serait restée là-bas, dans la chaleur de Marrakech, près d'elles.

Des mains qui portaient le poids du monde et qui me portaient, moi aussi. J'avais quatre ou cinq ans, peut-être. Ma mère n'était plus de ce monde depuis mes deux ans et sept mois. Je ne me souviens pas d'elle, pas vraiment. Mais de Lala, ma grand-mère, je me souviens de tout.

Elle me portait, et je réclamais cela sans cesse. Son dos était large, chaud, un refuge. Je m'y accrochais, les bras autour de son cou, le

visage enfoui dans le tissu de son caftan. Elle sentait le safran et la fleur d'oranger, des odeurs qui, encore aujourd'hui, me ramènent à elle. Elle marchait lentement, comme si chaque pas était une prière, et je me sentais en sécurité, comme si rien ne pouvait m'atteindre tant que j'étais là, contre elle.

Je crois que c'est la relation la plus affectueuse que j'ai eue dans ma vie. Elle ne m'a jamais rien refusé. Pas un jouet, pas une friandise, pas une histoire. Elle me parlait de tout, sans tabou, sans peur. De la vie, de la mort, de l'amour, de la douleur. Elle m'a appris à voir le monde comme un endroit à la fois cruel et magnifique, où la lumière et l'ombre cohabitent sans cesse.

Ma grand-mère m'a appris à pardonner et à être patiente, à ne pas me sacrifier, mais à me rappeler que nous sommes toujours plus forts que les événements les plus tragiques.

Quand je suis revenue de France, après la mort de ma mère, elle m'a accueillie avec des bras ouverts et le sourire triste. Je crois que c'était à la fois un chagrin et une joie pour elle. Un chagrin, parce qu'elle voyait en moi le départ de ma mère. Une joie, parce que j'étais là, vivante, et que je lui ressemblais tant. Elle m'a prise dans ses bras, et j'ai senti son cœur battre contre le mien. C'était un battement lent, régulier, comme une berceuse.

Nous passions des heures ensemble, dans la cour de la maison, sous le figuier. Elle me racontait des histoires, des légendes, des souvenirs. Elle me parlait de ma mère, de son histoire familiale et de ses rêves. Elle me disait que la vie était comme un jardin : il fallait l'entretenir, mais il fallait aussi savoir apprécier les fleurs quand elles venaient.

Elle m'a appris à cuisiner et à aimer l'être humain. Elle m'a appris à être forte, mais aussi à être douce. Elle m'a appris que la tendresse était une force, que la vulnérabilité n'était pas une faiblesse. Elle m'a appris à aimer, même quand tout semblait perdu.

Et puis, un jour, je suis retournée en France. Je l'ai sentie souffrir de la séparation, qui était encore plus pénible qu'aujourd'hui. C'était comme si une partie d'elle s'était envolée, comme si une lumière s'était éteinte. J'ai pleuré, bien sûr. Mais j'ai aussi souri, parce que je savais qu'elle était toujours là, à Marrakech, quelque part, dans mes souvenirs, dans mes gestes et dans mon cœur.

Aujourd'hui, je me réveille chaque matin avec le sentiment d'être chanceuse. Chanceuse d'avoir eu une femme comme elle dans ma vie. Chanceuse d'avoir connu une telle tendresse, une telle magie. Chanceuse d'être aimée de cette façon.

La cuisine de Lala :
Une mémoire vivante

La cuisine de ma grand-mère Lala est un sanctuaire. Un lieu où les mains travaillent, où les odeurs dansent, où les souvenirs s'enracinent. Ce n'est pas seulement une pièce avec des murs et un fourneau, c'est un espace sacré où le temps se plie, où les générations se rencontrent, où les histoires se transmettent sans mots.

Lala ne m'a jamais donné de recettes écrites. Ses enseignements ne sont pas des listes d'ingrédients ou des étapes à suivre. Non, sa cuisine est une langue vivante, un dialecte que l'on apprend en écoutant, en observant, en ressentant. Elle dit souvent :

« Les mains savent ce que le cœur veut dire. »

Et c'est vrai. Ses mains, ridées mais infatigables, pétrissent la pâte, cisèlent les herbes, ajustent les épices avec une précision qui semble presque divine.

Chaque plat qu'elle prépare est une histoire. Le tajine aux pruneaux et à l'agneau, par exemple, n'est pas seulement un mélange de viande et de fruits secs. C'est une histoire d'amour, celle de ses parents, qui se sont rencontrés lors d'un mariage où ce plat était servi.

« Ton arrière-grand-mère l'a préparé ce jour-là », me dit-elle en remuant lentement la sauce, comme si elle pouvait encore voir le visage de sa mère dans les volutes de vapeur qui s'élèvent de la cocotte.

La harira, cette soupe épaisse et réconfortante, est une autre de ses spécialités. Elle la prépare chaque Ramadan, et chaque fois, elle me raconte comment sa propre grand-mère lui a appris à doser les lentilles, les pois chiches et les tomates.

« Il faut que ça goûte la patience », dit-elle en souriant, en référence aux longues heures de cuisson nécessaires pour obtenir la texture parfaite.

Mais ce ne sont pas seulement les plats qui comptent. C'est aussi la manière dont elle les prépare. La manière dont elle choisit chaque ingrédient avec soin, comme si elle pouvait entendre leur histoire. La manière dont elle touche la pâte, comme si elle lui murmurait des secrets. La manière dont elle goûte la sauce, les yeux fermés, comme si elle écoutait une musique que personne d'autre ne peut entendre.

Un jour, elle m'a dit :

« La cuisine, c'est comme la vie. Il faut savoir attendre, savoir écouter, savoir aimer. »

Elle avait raison. Dans sa cuisine, j'ai appris la patience, en regardant la pâte lever lentement. J'ai appris l'écoute, en entendant les histoires qu'elle racontait en coupant les légumes. J'ai appris l'amour, en voyant la manière dont elle préparait chaque plat avec tant de soin et de dévotion.

Maintenant, c'est à mon tour. Maintenant, ce sont mes mains qui pétrissent la pâte, qui cisèlent les herbes, qui ajustent les épices. Et chaque fois que je cuisine, je sens Lala près de moi, comme si elle me guidait, comme si elle me disait : « N'oublie pas. N'oublie pas les histoires. N'oublie pas les odeurs. N'oublie pas les saveurs. »

La cuisine de Lala est un héritage, un trésor que je porte en moi. Ce n'est pas seulement une collection de recettes, c'est une mémoire vivante, une chaîne qui relie les générations, un fil qui traverse le temps. Et je sais que, un jour, ce sera à moi de transmettre cette mémoire, de raconter ces histoires, de perpétuer cette tradition.

Car la cuisine de Lala, c'est une histoire de rencontre de deux cultures. C'est une mémoire. C'est une vie.

Lala dans son sanctuaire culinaire.

Les souks de Marrakech :
Une danse d'odeurs et de souvenirs

Les souks de Marrakech sont un théâtre où les odeurs jouent leur propre pièce, une symphonie qui résonne dans mes veines, dans mes souvenirs. Chaque pas que je fais aux côtés de ma grand-mère Lala est une plongée dans un monde où les épices, les herbes et les fruits se mêlent à la poussière et à la chaleur pour créer une mélodie envoûtante.

Lala marche devant moi, sa silhouette drapée dans une djellaba à manches longues, ses cheveux gris noués sous un foulard léger. Elle sent le safran et le miel, comme si elle avait traversé un nuage de ces parfums avant de sortir de la maison. Ses mains, ridées mais fortes, semblent connaître chaque recoin de ces ruelles étroites, chaque marchand, chaque secret.

Nous commençons toujours par le souk aux épices. Là, l'air est saturé de cannelle, de cumin, de gingembre et de curcuma. Les monticules d'épices, hauts et colorés, ressemblent à des dunes miniatures. Les marchands, assis en tailleur derrière leurs étals, nous tendent des poignées de safran, cette poudre rouge-or qui coûte plus cher que l'or. Lala en achète toujours un peu, même si elle en a déjà à la maison.

« C'est pour les jours de fête », dit-elle en souriant, comme si chaque jour pouvait être une fête si on y mettait assez de safran.

Ensuite, nous passons devant les étals de fruits. Les figues de Barbarie, épluchées avec une rapidité hypnotique par des mains calleuses, dégagent une odeur sucrée et terreuse. Les doigts, agiles et infatigables, semblent danser sur la peau épineuse des fruits. Lala en achète toujours quelques-unes, et nous les mangeons sur place, le jus collant à nos doigts, à nos lèvres.

Puis vient le souk des pâtisseries. Ici, l'air est plus doux, presque su-

Dans les souks de Marrakech.

cré. Les briouates, ces triangles de pâte feuilletée fourrés aux amandes et au miel, sont empilés en pyramides parfaites. Les cornes de gazelle, fines et délicates, semblent presque trop belles pour être mangées. Mais Lala insiste toujours pour en acheter une boîte.

« Pour les invités », dit-elle, même si nous savons toutes les deux que nous les dégusterons ensemble, assises dans la cour, avec un thé à la menthe fumant.

Le souk des teinturiers est une explosion de couleurs et d'odeurs. Les écheveaux de laine, teints au henné, au safran ou à l'indigo, pendent comme des guirlandes géantes. L'odeur du bois de thuya, utilisé pour fixer les couleurs, se mêle à celle des peaux de chèvre tannées. Lala s'arrête souvent ici pour acheter des fils de laine qu'elle utilisera pour tisser des serviettes.

« Chaque fil a une histoire », murmure-t-elle en caressant les écheveaux.

Mais c'est au souk des herbes que je me sens le plus proche d'elle. Ici, les étals débordent de menthe, de romarin, de thym et de verveine. Lala choisit chaque plante avec soin, comme si elle pouvait entendre leurs secrets.

« La menthe pour le thé, la coriandre pour les tajines, la verveine pour les infusions », explique-t-elle, comme si elle récitait une prière.

Et puis, il y a les odeurs qui ne s'achètent pas. L'odeur du pain cuit au four à bois, celle des brochettes d'agneau grillées au paprika et au cumin, celle des babouches en cuir qui jonchent le sol près de la mosquée. Ces odeurs sont comme des fils invisibles qui relient les souvenirs, les gens, les lieux.

Quand nous rentrons à la maison, les bras chargés de sacs et de paquets, Lala commence déjà à préparer le dîner. Le parfum du tajine au poulet et aux olives se répand dans la maison, mêlé à celui du thé à la menthe qui infuse sur le feu. Je m'assois près d'elle, écoutant le crépitement des épices dans l'huile chaude, regardant ses mains transformer les ingrédients en un festin.

Dans ces moments, je comprends que les souks ne sont pas seulement un lieu, mais une extension de Lala elle-même. Chaque épice, chaque herbe, chaque fruit raconte une histoire qu'elle a héritée de ses ancêtres et qu'elle me transmet à son tour. Et je sais que, un jour, ce sera à moi de marcher dans ces ruelles, de respirer ces odeurs, de perpétuer cette danse infinie entre les souvenirs et les sens.

foul mchermel – fèves fraîches de Lala

Ce plat typiquement marocain, parfumé et plein de fraîcheur, sublime parfaitement la saveur délicate des fèves fraîches grâce à la célèbre marinade chermoula.

Temps de préparation : 30 min

Temps de cuisson : 20 min

Ingrédients :

(pour 6 personnes)
500 g de fèves fraîches
1 grosse poignée de coriandre fraîche hachée
1 grosse poignée de persil frais haché
1 c. à café bombée de sel
1 c. à soupe bombée de cumin en poudre
1 c. à soupe bombée de paprika doux
4 c. à soupe d'huile d'olive extra vierge
4 gousses d'ail
1 citron frais

Étapes :

1. Préparer les fèves :

Écosser soigneusement les fèves fraîches.

Optionnel : pour une meilleure absorption des saveurs, retirer l'extrémité supérieure des fèves ou réaliser de petites entailles sur le dessus.

2. Cuire les fèves :

Placer les fèves dans une casserole, les recouvrir d'eau froide et ajouter une petite tranche de citron (cela évitera à la casserole de noircir).

Porter à ébullition puis laisser cuire à feu doux pendant environ 30 min avec un couvercle, jusqu'à ce que les fèves soient tendres.

Égoutter soigneusement les fèves à l'aide d'une passoire.

3. Préparer la chermoula :

Pendant la cuisson des fèves, préparer la marinade.

Dans une poêle chaude, déposer le persil et la coriandre hachés.

Ajouter dans la poêle l'huile d'olive, les gousses d'ail râpées, le sel, le cumin et le paprika.

Presser entièrement le citron au-dessus du mélange.

Faire revenir à feu doux pendant quelques min en mélangeant régulièrement pour libérer tous les arômes.

4. Assembler et finaliser :

Verser les fèves bien égouttées dans la poêle contenant la chermoula.

Mélanger délicatement pour que chaque fève s'imprègne parfaitement des saveurs de la marinade.

Laisser mijoter ensemble pendant 2 à 3 min supplémentaires.

Profitez pleinement de ce plat traditionnel de Lala, à la fois simple, parfumé et savoureux !

Conseils et astuces :

Les fèves à la chermoula peuvent être consommées chaudes ou froides, en entrée ou en accompagnement d'une viande ou d'un poisson grillé.

Si vous les mangez chaudes, servez immédiatement après cuisson pour profiter pleinement des saveurs et parfums.

Vous pouvez décorer le plat avec quelques quartiers de citron supplémentaires et quelques feuilles fraîches de coriandre.

Pour une texture plus riche, vous pouvez ajouter une cuillère d'huile d'olive supplémentaire juste avant de servir.

La grande salade de Lala

Chaque fois que je suis auprès d'elle, c'est une symphonie culinaire qui se déploie. Je la regarde, émerveillée. Tout commence par les légumes. Fraîcheur obligatoire, impérative, sans négociation possible ! Grand-mère choisit méticuleusement : pommes de terre, fenouils, carottes, courgettes, fonds d'artichauts, haricots verts, tous cuits séparément, respectant scrupuleusement chaque temps, chaque texture.

Elle dit toujours :

« Les légumes, Marïa, ce sont des âmes sensibles. Il leur faut leur propre moment. »

Alors chaque légume plonge dans l'eau bouillante séparément, gardant sa couleur, préservant son goût unique.

Pendant que les légumes cuisent, elle prépare ce mélange étonnant, vibrant : du riz cuit parfaitement refroidi, des petits cubes de poivron rouge éclatants, une généreuse boîte de thon au naturel égoutté avec soin, quelques cuillères de mayonnaise onctueuse, et un peu de persil finement haché. Elle mélange lentement, presque solennellement, et puis elle tasse tout cela dans un grand bol, comme si elle déposait un trésor précieux.

Les œufs, bouillis dix minutes exactement, refroidissent à côté. Les radis roses, joliment coupés, attendent patiemment. Je regarde ses doigts fins, habiles, découper minutieusement les concombres, le poivron rouge, les fenouils frais, les fonds d'artichauts délicatement préparés, l'oignon frais finement émincé. Ses mains dansent, sculptent, arrangent.

Puis vient l'instant sacré : dresser le plat. Elle retourne doucement le bol de riz au centre de la grande assiette, créant un dôme parfait. Ensuite, méthodiquement, elle place en cercles les pommes de terre tièdes, les courgettes tendres, les carottes lumineuses, les haricots verts

éclatants, le fenouil subtilement anisé, les fonds d'artichauts tendres, et les délicates rondelles de concombre. Elle y ajoute les poivrons verts et rouges, comme des joyaux éclatants. Des tomates cerises rouges, vives, viennent ponctuer l'ensemble comme des notes joyeuses sur une partition colorée.

Enfin, comme une touche finale indispensable, elle dépose délicatement des quartiers d'œufs durs, quelques morceaux fondants d'avocat, et ces petits grains dorés de maïs, qui illuminent tout de leur couleur soleil.

Je regarde cette œuvre vivante avec émotion. Une œuvre qui lui ressemble : généreuse, attentive, tendre. Elle sourit doucement :

« Tu vois, Maria, une salade, c'est comme la vie. Chaque ingrédient apporte quelque chose d'unique. »

Et en goûtant à cette merveille, je comprends. Sa salade n'est pas qu'un plat. C'est l'histoire de sa vie, c'est l'histoire de nos souvenirs communs.

Recette de la grande salade de Lala

Ingrédients :
(pour 8 personnes)
500 g de pommes de terre
500 g de carottes
300 g de courgettes
300 g de poivrons verts épépinés
1 poivron rouge épépiné
4 bulbes de fenouil frais
4 fonds d'artichauts
300 g de haricots verts
500 g de pommes de terre
1 gros oignon frais émincé
1 concombre frais
1 botte de radis roses
1 gros oignon frais
1 grosse boîte de thon au naturel
2 boîtes de maïs doux égoutté
500 g de carottes
300 g de courgettes
5 œufs
1 botte de radis roses
1 avocat mûr
Quelques tomates cerises
2 c. à soupe de persil haché
250 g de riz cuit

Pour la vinaigrette unique de Lala :
1 c. à café de sel
½ c. à café de poivre

Temps de préparation totale : 45 min

4 c. à soupe de vinaigre blanc
Le jus d'un citron frais
8 c. à soupe d'huile d'olive

Étapes :

Préparation de la vinaigrette par Lala :

Ma grand-mère commence toujours par réunir les ingrédients de sa vinaigrette magique dans un bocal : le sel, le poivre, le vinaigre blanc, le jus de citron fraîchement pressé et l'huile d'olive dorée.

Elle ferme bien le bocal et secoue énergiquement jusqu'à obtenir une émulsion parfaite, homogène, comme une petite danse pleine d'énergie.

Préparation des oignons par Lala :

Lala prend toujours soin de préparer l'oignon avec une attention particulière. Elle choisit un gros oignon frais qu'elle émince très finement, avec précision et délicatesse.

Elle le place ensuite dans une passoire et le rince abondamment sous l'eau froide pour atténuer son piquant.

Puis, elle le met dans un petit bol, séparément, ajoutant un peu de jus de citron et une pincée de sel, laissant reposer ainsi jusqu'au moment de servir.

Dressage à la manière de la Lala :

Lala prépare chaque ingrédient séparément, en respectant les temps de cuisson de chaque légume pour préserver les saveurs et les textures.

Elle assemble le tout harmonieusement en suivant son inspiration pour créer un plat coloré et savoureux, porteur d'une histoire et riche en émotions.

Salade d'aubergines épicée

Cette délicieuse salade d'aubergines aux saveurs méditerranéennes épicées est parfaite pour accompagner vos repas d'été ou pour une entrée rafraîchissante.

Temps de préparation : 25 min

Temps de cuisson : 15 min

Ingrédients :

(pour 8 personnes)

1,5 kg d'aubergines fraîches

1 c. à soupe de cumin moulu

1 bonne pincée de piment fort (ou doux, selon votre goût)

4 c. à soupe d'huile d'olive

2 c. à soupe de vinaigre blanc

Sel et poivre noir fraîchement moulu

Étapes :

1. Préparer les aubergines :

Peler les aubergines à l'aide d'un économe, puis les couper en gros cubes réguliers.

2. Cuire les aubergines :

Porter à ébullition une grande casserole d'eau légèrement salée.

Plonger les aubergines coupées en cubes et laisser cuire pendant environ 15 min jusqu'à ce qu'elles soient tendres.

Égoutter soigneusement les aubergines dans une passoire et les laisser dans la passoire pendant au moins 30 min pour éliminer un maximum d'eau.

Éponger délicatement les cubes avec du papier absorbant

pour retirer l'excédent d'humidité.

3. Assaisonner :

Transférer les aubergines dans un grand saladier.

Ajouter l'huile, le vinaigre, le cumin et le piment fort.

Saler et poivrer généreusement selon votre goût.

Mélanger délicatement afin que les aubergines soient parfaitement imprégnées des saveurs.

4. Servir :

Placer la salade au réfrigérateur au moins 1 h avant de servir, afin qu'elle soit bien fraîche et que les saveurs se diffusent harmonieusement.

Profitez pleinement de la douceur des aubergines relevées d'épices délicates !

 Conseils et astuces :

Vous pouvez ajuster la quantité de piment selon votre préférence pour une saveur plus ou moins relevée.

Pour une saveur supplémentaire, ajoutez une gousse d'ail hachée finement ou un filet de jus de citron.

Cette salade est excellente accompagnée de pain frais ou grillé et se marie très bien avec des grillades ou des plats de poisson.

Salade de lentilles de Lala

Légère et savoureuse, cette salade de ma grand-mère aux lentilles est idéale en accompagnement ou pour une entrée équilibrée et pleine de saveurs.

Temps de préparation :
20 min

Temps de cuisson :
20 à 25 min

Ingrédients :

(pour 4 personnes)
300 g de lentilles vertes
1 oignon rouge moyen
2 c. à soupe de jus de citron frais
1 c. à soupe de menthe fraîche hachée
1 c. à soupe d'huile d'olive
2 c. à café de cumin moulu
Sel et poivre noir du moulin

Étapes :

1. Cuire les lentilles :

Rincer soigneusement les lentilles à l'eau froide.

Faire cuire les lentilles dans une casserole d'eau bouillante légèrement salée pendant 20 à 25 min jusqu'à ce qu'elles soient tendres mais encore fermes.

Égoutter soigneusement et laisser refroidir.

2. Préparer les légumes :

Éplucher et couper l'oignon rouge en fines lamelles.

Rincer et hacher finement la menthe fraîche.

3. Assembler et assaisonner :

Dans un saladier, mélanger les lentilles refroidies avec

l'oignon rouge finement émincé.

Ajouter l'huile d'olive, le jus de citron frais, le cumin, la menthe hachée, du sel et du poivre selon votre goût.

Mélanger délicatement pour bien répartir les saveurs.

Régalez-vous avec cette délicieuse salade de Lala, simple à préparer, fraîche et parfumée, parfaite pour vos repas estivaux !

 Conseils et astuces :

Laissez reposer la salade au réfrigérateur au moins 1 heure avant de servir pour permettre aux saveurs de se marier harmonieusement.

Vous pouvez ajouter quelques dés de tomates fraîches ou de concombre pour une touche croquante et rafraîchissante.

Variez les herbes en remplaçant la menthe par de la coriandre fraîche.

Cette salade de lentilles est idéale pour accompagner des grillades, du poisson ou en complément d'un repas végétarien.

Salade marocaine chaude de poivrons et tomates

Voici une entrée savoureuse, simple et riche en saveurs, que ma grand-mère Lala nous préparait à Marrakech. Cette salade chaude accompagne parfaitement un plat principal ou peut être dégustée simplement avec du pain frais. J'aime particulièrement utiliser cette recette en sauce, pour relever mes féculents et légumineuses lors de repas équilibrés.

Temps de préparation : 20 min

Temps de cuisson : 30 min

Ingrédients :

(pour 6 personnes)
3 poivrons rouges
3 tomates fraîches
1 gros oignon
2 gousses d'ail
3 c. à soupe d'huile d'olive
1½ c. à café de sel
3 c. à café de paprika doux
1 pointe de piment (facultatif, selon votre goût)
3 c. à soupe de concentré de tomates
6 c. à soupe d'eau

Étapes :

1. Préchauffer votre four à 200°C.

2. Préparer les poivrons :

    Laver soigneusement les poivrons.

    Placer les poivrons entiers sur une plaque allant au four et

Cette recette apporte une touche ensoleillée à la table et m'évoque la chaleur accueillante des repas chez Lala à Marrakech.

les faire cuire pendant 10 à 15 min, jusqu'à ce que la peau commence à noircir légèrement.

Sortir les poivrons du four, les mettre immédiatement dans un sac de congélation fermé hermétiquement, et les laisser refroidir pendant environ 15 min. Cette astuce facilite le retrait de la peau.

Une fois refroidis, retirer délicatement la peau, épépiner et couper les poivrons en fines lanières. Réserver.

3. Préparer les autres ingrédients :

Éplucher et émincer finement l'oignon, peler, dégermer et écraser les gousses d'ail, et laver et découper les tomates en petits dés.

4. Cuire les ingrédients de la salade :

Dans une casserole, chauffer l'huile d'olive à feu doux.

Ajouter l'oignon et l'ail, faire revenir pendant 2 à 3 min en remuant régulièrement jusqu'à ce qu'ils deviennent translucides et parfumés.

Incorporer les dés de tomates, mélanger, couvrir, puis laisser mijoter pendant environ 5 min.

Ajouter le paprika, le concentré de tomates, la pointe de piment, l'eau, et le sel. Mélanger soigneusement pour répartir les saveurs.

Ajouter les lanières de poivrons, remuer délicatement, puis couvrir à nouveau.

Laisser mijoter à feu doux pendant environ 20 min, en remuant de temps en temps.

En fin de cuisson, retirer le couvercle et poursuivre la cuisson jusqu'à ce que le liquide s'évapore presque complètement et que la salade devienne onctueuse.

Conseils et astuces :

Pour une texture encore plus fondante, prolongez légèrement la cuisson sans couvercle.

Cette salade peut se servir chaude ou tiède, accompagnée de pain frais pour une dégustation authentique.

Conservez au frais si vous souhaitez la servir froide, elle développera alors davantage ses arômes.

Le couscous du vendredi : Une tradition sacrée

Le vendredi chez Lala, c'était sacré. Ce jour-là, la maison se remplissait d'odeurs envoûtantes et la cuisine devenait le cœur battant de notre univers. Dès le matin, je savais que la journée serait spéciale. Lala, avec son tablier vert et ses mains expertes, transformait chaque geste en une cérémonie. Et moi, j'étais là, à ses côtés, observant, apprenant, et surtout, savourant chaque instant.

« Aujourd'hui, on prépare le couscous », annonçait-elle en sortant la marmite à couscoussier, un objet imposant et mystérieux qui me fascinait.

Le couscous est un pilier des grandes occasions, des fêtes religieuses et des repas familiaux. Il incarne l'hospitalité et la tradition du partage, profondément ancrées dans la culture marocaine. Ce plat, avec ses grains de semoule, ses légumes et ses saveurs, raconte une histoire de générosité et de rassemblement. Il invite à s'asseoir ensemble, à savourer et à créer des souvenirs autour d'une table où l'on célèbre bien une connexion humaine.

Je la regardais découper les légumes avec une précision qui me laissait sans voix. Les carottes, les navets, les courgettes – chaque ingrédient était traité avec respect, comme s'il avait une âme.

« Tu vois, Marïa, m'expliquait-elle en épluchant les pommes de terre, le couscous, c'est comme la famille. Chaque élément a sa place, et c'est ensemble qu'ils créent quelque chose de beau. »

Je l'observais, émerveillée, tandis qu'elle préparait la viande – des morceaux de bœuf qu'elle faisait revenir avec les oignons, le safran et le piment doux. L'odeur commençait à emplir la cuisine, un mélange de douceur et de force qui me rappelait Lala elle-même.

Puis venait le moment de la semoule. Elle la versait dans un grand saladier, y ajoutait un peu d'eau tiède salée, et mélangeait délicatement avec ses doigts, comme si elle caressait chaque grain.

« Il faut que ce soit léger, Marïa, disait-elle en me montrant comment détacher les grains avec une fourchette. Comme ça, la semoule sera parfaite. »

Je me souviens de ces matinées comme d'un temps suspendu. Le monde extérieur n'existait plus. Il n'y avait que Lala, moi, et ce couscoussier qui commençait à chanter, la vapeur s'échappant doucement, emportant avec elle les parfums de notre travail.

Et puis, enfin, venait l'heure du repas. La famille se réunissait autour de la table, où trônait le grand plat de couscous, fumant et parfumé. Je regardais Lala servir, fière et souriante, comme si elle offrait bien plus qu'un simple repas.

« Mange, Marïa, disait-elle en me tendant une assiette. C'est fait avec amour. »

Et c'était vrai. Chaque bouchée de couscous était un peu de Lala, un peu de son histoire, un peu de son amour. Aujourd'hui, quand je prépare ce plat, je sens sa présence à mes côtés. Ses mains guidant les miennes, sa voix murmurant des conseils, son rire résonnant dans la cuisine.

Le couscous de Lala, c'est bien plus qu'une recette. C'est un héritage, une mémoire, une manière de dire : « Je suis là. Je me souviens. »

Recette du couscous de Lala

Ingrédients :

(pour 6 personnes)
600 g de semoule à couscous
300 g de jarret de bœuf
200 g de navets
200 g de carottes
200 g de courgettes
200 g de potiron
1 chou vert
200 g de tomates
Des pois chiches et des raisins secs
1 bouquet de coriandre
1 bouquet de persil
1 petite c. à café de safran
1 c. à café de piment doux
2 oignons coupés en morceaux
100 g de beurre
Sel, poivre

Temps de préparation : 45 min

Temps de cuisson : 1h15

Étapes :

1. Préparer la viande et commencer la cuisson :

Découper la viande de bœuf en morceaux. Mettre ces morceaux dans le couscoussier et couvrir de 3 l d'eau froide.

Ajouter les oignons, le safran, le piment doux, le sel et le poivre.

Porter à ébullition et laisser cuire à petits bouillons pendant 1 h.

2. Préparer la semoule et procéder à la première cuisson :

Mettre la semoule à couscous dans un saladier et verser dessus un peu d'eau tiède salée. Bien mélanger, détacher les grains avec une fourchette.

Mettre la semoule dans le panier du couscoussier et le poser sur la marmite. Dès que la vapeur traverse la semoule, la remettre dans le saladier.

3. Préparer et cuire les légumes :

Laver les navets, carottes, courgettes et tomates.

Couper les navets et les tomates en quartiers. Gratter les carottes et les couper en tronçons. Couper le chou en gros morceaux. Couper les courgettes en rondelles de 3 cm d'épaisseur. Peler le potiron et le couper en gros cubes.

Au bout d'1 h de cuisson du bouillon, ajouter les navets, les carottes et les courgettes. Laisser cuire 15 min de plus, puis ajouter le potiron, le chou, les tomates et la coriandre hachée, le persil haché sans oublier les raisins secs et les pois chiches.

4. Finaliser, dresser et servir :

Mettre la semoule dans le panier du couscoussier. Laisser cuire 45 min.

Quand la semoule est cuite, la renverser dans le plat de service. Y incorporer le beurre coupé en petits morceaux à l'aide d'une fourchette. Creuser un puits au centre de la semoule et y disposer les légumes et la viande. Présenter le bouillon à part dans une soupière.

Cette recette, c'est un peu de Lala, un peu de moi, et tout l'amour que nous avons partagé dans cette cuisine, pendant ces vendredis qui ne reviendront plus, mais dont je garde chaque détail précieusement, comme un trésor.

Brochettes de kefta pour le pique-nique du dimanche

Ingrédients :

(pour 6 personnes)
800 g de viande de bœuf hachée
200 g de poitrine de mouton
25 g de graisse de canard ou d'oie fondue
2 petits oignons, émincés
10 gousses d'ail, broyées
10 feuilles de menthe finement ciselées
1 bouquet de persil plat, haché
1 bouquet de coriandre, haché
1 ½ c. à café de cumin moulu
1 ½ c. à café de ras-el-hanout
½ c. à café de paprika
1 ½ c. à café de gingembre en poudre
1 ½ c. à café de cannelle moulue
3 c. à café de coriandre moulue
3 à 4 c. à café de piment en poudre (facultatif)
1 ½ c. à café de vinaigre
Sel et poivre noir du moulin
2 c. à soupe d'huile d'olive

+ Des piques en bois pour brochettes

Temps de préparation :
20 min

Temps de cuisson :
4 à 5 min

Étapes :

1. Mélanger les saveurs :

Dans un grand récipient, associer la viande de bœuf et la poitrine de mouton.

Incorporer l'oignon, l'ail et les herbes fraîches (menthe, persil et coriandre), ajouter les épices (cumin, coriandre en poudre, ras-el-hanout, paprika, gingembre, cannelle, et piment), ajouter le vinaigre, saler et poivrer.

Ajouter la graisse fondue et mélanger pour obtenir une préparation homogène.

2. Former et cuire les brochettes :

Façonner des cylindres allongés avec la farce et les enfiler sur les piques en bois.

Préchauffer votre barbecue à feu moyen.

Enduire chaque brochette d'huile d'olive pour éviter qu'elles n'adhèrent à la grille.

Disposer les brochettes sur le grill et faire cuire environ 4 à 5 min de chaque côté, jusqu'à ce qu'elles arborent une belle coloration dorée.

3. Dresser :

Dresser ces brochettes de kefta avec du pain complet, une salade fraîche et, si vous le souhaitez, une sauce au yaourt et à l'ail pour l'accord des saveurs.

Conseils et astuces :

Sélectionnez une viande de qualité pour révéler toute la richesse des arômes.

Laissez la préparation réfrigérateur au moins 1 heure pour permettre aux épices de bien se marier.

Surveillez la cuisson, car la viande hachée peut se dessécher si elle est trop cuite.

Ma grand-mère Lala disait que ces brochettes ne remplaçaient pas le tajine du midi, mais venaient sublimer le repas dominical en extérieur…

Poulet aux pruneaux et amandes dorées

Ce plat chaleureux, inspiré des recettes marocaines traditionnelles, offre un mélange délicieusement sucré-salé parfait pour un repas convivial.

Ingrédients :

(pour 6 personnes)
1 poulet fermier d'environ 1,5 kg
300 g de pruneaux dénoyautés
150 g d'amandes émondées
3 oignons moyens
¾ c. à café de safran en poudre ou quelques pistils
¾ c. à café de cannelle en poudre
3 c. à soupe d'huile d'arachide (ou d'olive)
Sel et poivre fraîchement moulu

Temps de préparation : 30 min

Temps de cuisson : 1h15

Étapes :

1. Préparer les pruneaux :

Faire tremper les pruneaux dans de l'eau tiède pendant au moins 2 h pour les réhydrater.

2. Préparer le poulet et démarrer la cuisson :

Découper le poulet en morceaux réguliers.

Faire chauffer l'huile dans un grand faitout à feu moyen et faire dorer les morceaux de poulet sur toutes les faces jusqu'à obtenir une jolie coloration dorée.

3. Ajouter les aromates :

Émincer finement les oignons et les ajouter au poulet.

Bien remuer et laisser cuire à feu doux jusqu'à ce que les oignons deviennent tendres et légèrement dorés.

Verser 2 grands verres d'eau chaude dans le faitout.

Saler, poivrer, saupoudrer de cannelle et de safran puis mélanger délicatement et laisser mijoter à couvert pendant environ 45 min à feu doux.

4. Ajouter les pruneaux :

Ajouter les pruneaux égouttés à la préparation et laisser cuire encore 15 min à feu doux, jusqu'à ce que la sauce épaississe légèrement.

5. Préparer les amandes et servir :

Pendant ce temps, faire chauffer une poêle avec un peu d'huile et une pincée de sel.

Faire légèrement dorer les amandes quelques min, en remuant régulièrement pour éviter qu'elles ne brûlent.

Disposer joliment les morceaux de poulet accompagnés des pruneaux sur un plat de service et parsemer d'amandes.

Conseils et astuces :

Pour une saveur plus intense, utilisez des pistils de safran préalablement infusés dans un peu d'eau tiède.

Vous pouvez préparer ce plat à l'avance, il sera encore meilleur réchauffé doucement.

Accompagnez-le avec un bon pain complet frais ou du riz parfumé pour absorber la délicieuse sauce.

Un plat réconfortant à déguster en famille ou entre amis, pour savourer pleinement la délicieuse harmonie de saveurs marocaines.

Tajine de poulet au citron confit

Chez nous, le tajine est bien plus qu'un plat – c'est un moment de partage. On se rassemble autour de la table, on déguste lentement, et on savoure chaque bouchée en échangeant des histoires et des rires.

Temps de préparation :
20 min

Temps de cuisson :
1h15

Ingrédients :

(pour 8 personnes)
1 poulet fermier de 2,5 kg (découpé en morceaux)
1,2 kg d'oignons
1 pincée de cumin
1 pincée de safran
2 gousses d'ail
1 bouquet de coriandre
3 citrons confits
Sel, poivre
8 c. à soupe d'huile d'olive

Étapes :

1. Préparer le poulet :

Dans un faitout, disposer les morceaux de poulet et ajouter le safran, le cumin, le bouquet de coriandre, les gousses d'ail écrasées, le sel et le poivre.

Couvrir d'eau froide et porter à ébullition puis laisser cuire à petits bouillons pendant 1 h.

2. Préparer les oignons :

Pendant la cuisson du poulet, émincer finement les oignons..

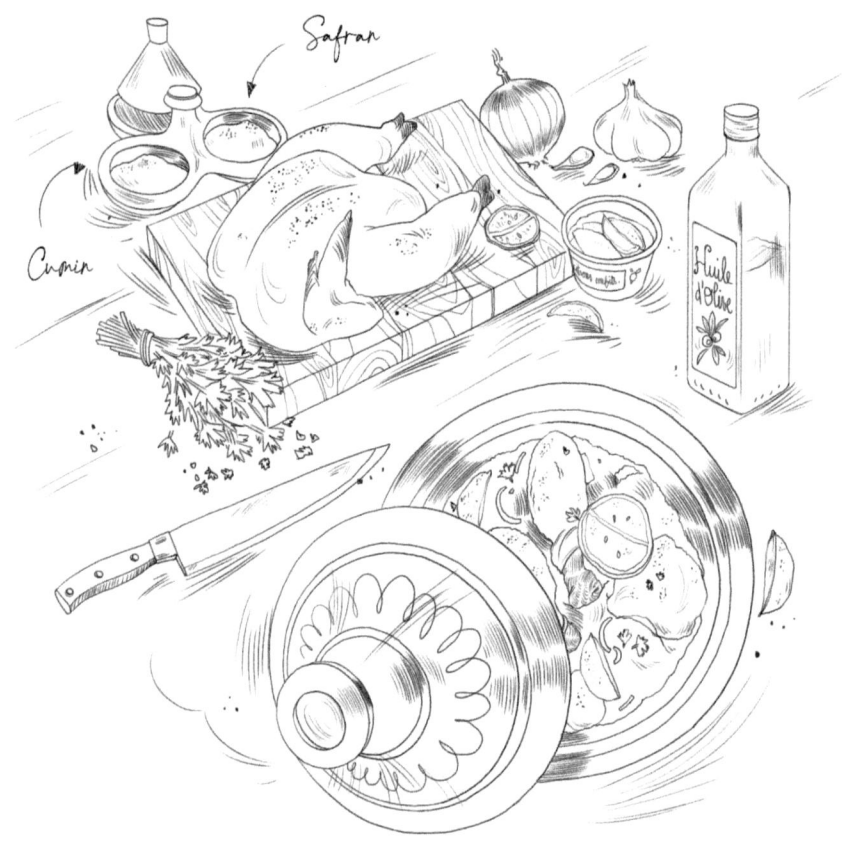

Ce tajine de poulet au citron confit, c'est un peu de soleil dans l'assiette, une explosion de parfums évoquant les saveurs marocaines et les moments précieux passés en famille.

Dans une casserole, faire revenir les oignons à l'étouffée avec un peu d'huile d'olive, en remuant régulièrement.

Saler et poivrer.

Lorsque les oignons sont réduits en une purée onctueuse, éteindre le feu et réserver.

3. Finaliser le tajine :

Retirer les morceaux de poulet du faitout et les disposer dans un tajine.

Décorer le poulet avec les citrons confits coupés en quartiers et recouvrir avec la purée d'oignons.

Enfourner à 180°C (th. 6) pendant 15 min, le temps que les saveurs s'harmonisent et que le poulet prenne une belle couleur dorée.

4. Servir :

Servir directement dans le tajine, accompagné de pain frais ou de semoule pour absorber le délicieux jus.

Conseils et astuces :

L'astuce de Lala : *Pour un tajine encore plus parfumé, laissez mariner le poulet avec les épices et le jus de citron pendant 1 heure avant la cuisson.*

Le secret des oignons : *Les oignons doivent être cuits lentement, à feu doux, pour développer leur douceur naturelle. Prenez le temps pour cette étape, c'est ce qui donne au tajine son onctuosité.*

Le citron confit : *Le citron confit est très utilisé dans la cuisine marocaine : il apporte une saveur unique, à la fois acidulée et légèrement sucrée. Si vous n'en avez pas, vous pouvez le remplacer par du zeste de citron frais et un peu de jus, mais le résultat sera moins intense.*

Tajine d'agneau aux gombos

Découvrez ce savoureux tajine d'agneau aux gombos, un plat traditionnel de ma grand-mère, chaleureux et parfumé.

Selon la légende populaire, ce plat apporte force et prospérité à ceux qui le dégustent en famille. Il est particulièrement apprécié pour ses vertus reconstituantes.

Temps de préparation :
30 min

Temps de cuisson :
1h30

Ingrédients :

(pour 4 personnes)
700 g de collier ou d'épaule d'agneau
700 g de gombos
2 oignons rouges
2 gousses d'ail
1 poignée de persil plat frais haché
1 poignée de coriandre fraîche hachée
½ c. à café de safran
1 c. à café de cannelle moulue
½ c. à café de gingembre moulu
½ c. à café de carvi
½ c. à café de paprika doux
4 c. à soupe d'huile d'olive
Sel et poivre selon votre goût

Étapes :

1. Préparer les ingrédients :

Découper la viande en morceaux réguliers.

Émincer finement les oignons et hacher l'ail.

Un délicieux tajine, emblématique des repas conviviaux et chaleureux de ma famille à Marrakech.

2. Cuire la viande :

Dans une cocotte ou un tajine, chauffer l'huile d'olive à feu moyen.

Faire revenir les morceaux d'agneau jusqu'à obtenir une belle coloration dorée.

Ajouter ensuite les oignons émincés et l'ail haché. Faire suer quelques min jusqu'à ce que les oignons deviennent translucides.

3. Ajouter les épices :

Incorporer toutes les épices : cannelle, gingembre, carvi, paprika, et sel.

Remuer délicatement pour imprégner parfaitement la viande.

Verser 2 verres d'eau (environ 400 ml), couvrir et laisser mijoter doucement pendant environ 1h30 sur un braséro en terre cuite ou à défaut, sur un feu au gaz.

4. Ajouter les gombos :

Ajouter les gombos à la préparation et mélanger délicatement.

Laisser mijoter encore une quinzaine de min jusqu'à ce que les gombos soient tendres.

Conseils et astuces :

Pour éviter que les gombos prennent une texture visqueuse, ne les mélangez pas trop vigoureusement.

N'hésitez pas à rajouter des tomates fraîches et juteuses coupées en deux en fin de cuisson sur les gombos.

Laissez reposer quelques minutes avant de servir pour permettre aux saveurs de s'épanouir pleinement.

Vous pouvez accompagner ce tajine de pain marocain ou de semoule de couscous pour absorber la délicieuse sauce parfumée.

Tajine de veau aux artichauts

Ce tajine est parfait pour le printemps, quand les artichauts sont frais et abondants.

Ingrédients :

(pour 4 personnes)
600 g de jarret de veau (découpé en morceaux)
1,2 kg de fonds d'artichauts frais
1 gros oignon rouge
4 gousses d'ail
½ c. à café de safran
1 c. à café de piment doux
1 citron confit
4 c. à soupe d'huile d'olive
Quelques feuilles de coriandre
Sel, poivre

Temps de préparation :
25 min

Temps de cuisson :
1h30

Étapes :

1. Cuire le veau :

Dans un faitout, disposer les morceaux de veau. Ajouter le safran, le piment doux, l'oignon coupé en morceaux, l'ail émincé, l'huile d'olive, le sel et le poivre.

Couvrir d'eau froide et porter à ébullition. Laisser cuire à petits bouillons pendant 1 h.

Retirer la viande et réserver.

2. Cuire les artichauts :

Ajouter les fonds d'artichauts dans le faitout avec le bouillon

de cuisson..

Laisser cuire à feu moyen pendant 20 min, jusqu'à ce qu'ils soient tendres.

Retirer les artichauts et les réserver.

3. Préparer la sauce :

Couper l'écorce du citron confit en fines lamelles. Ajouter les lamelles et la pulpe du citron dans le bouillon.

Faire réduire à feu doux jusqu'à obtenir une sauce onctueuse et parfumée.

4. Finaliser le tajine et servir :

Disposer la viande et les artichauts dans un tajine.

Arroser généreusement avec la sauce au citron confit. Décorer avec quelques lamelles d'écorce de citron.

Avant de servir, réchauffer le tajine sur feu doux pendant quelques min et ajouter un peu de coriandre fraîche par-dessus.

Servir le tajine avec du pain frais ou de la semoule pour un repas complet et savoureux.

Conseils et astuces :

Astuce de Lala : Pensez à citronner les artichauts après épluchage pour éviter qu'ils ne noircissent. Si vous utilisez des artichauts surgelés, pas besoin de décongélation, ajoutez-les directement dans le bouillon.

Le citron confit : C'est l'ingrédient magique de ce tajine. Il apporte une saveur unique, à la fois acidulée et légèrement sucrée. Si vous n'en avez pas, vous pouvez le remplacer par du zeste de citron frais et un peu de jus, mais le résultat sera moins intense.

La cuisson lente : Le secret d'un bon tajine réside dans la patience. La cuisson à petits bouillons permet à la viande de devenir tendre et aux artichauts d'absorber toutes les saveurs du bouillon.

Tajine de veau aux petits pois

Voici un délicieux tajine de veau aux petits pois, qui apportera douceur et réconfort dans votre assiette. Ce plat évoque les dimanches ensoleillés au Maroc, où l'on prend le temps de cuisiner tous ensemble et de savourer chaque bouchée.

Ingrédients :

(pour 4 personnes)

600 g de jarret de veau (découpé en morceaux)

1,2 kg de petits pois frais

1 gros oignon rouge

½ c. à café de safran

1 c. à café de piment doux

1 citron confit

1 c. à café de sucre

4 c. à soupe d'huile d'olive

Sel, poivre

Temps de préparation : 20 min

Temps de cuisson : 1h30

Étapes :

1. Cuire le veau :

Dans un faitout, disposer les morceaux de veau.

Ajouter le safran, le piment doux, l'oignon coupé en morceaux, l'huile, le sel et le poivre.

Couvrir d'eau froide et porter à ébullition. Laisser cuire à petits bouillons pendant 1 h.

Retirer la viande et la réserver.

2. Cuire les petits pois :

Ajouter les petits pois dans le faitout avec le bouillon de cuisson. Incorporer le sucre.

Laisser cuire à feu moyen pendant 20 min, en ajoutant un peu d'eau si nécessaire.

Retirer les petits pois et les réserver.

3. Préparer la sauce :

Couper l'écorce du citron confit en fines lamelles. Ajouter les lamelles et la pulpe du citron dans le bouillon.

Laisser réduire à feu doux jusqu'à obtenir une sauce onctueuse et parfumée.

4. Finaliser le tajine et servir :

Disposer la viande et les petits pois dans un tajine.

Arroser généreusement avec la sauce au citron confit.

Décorer avec quelques lamelles d'écorce de citron.

Réchauffer le tajine sur feu doux pendant quelques min avant de le servir, avec du pain frais ou de la semoule pour un repas complet et savoureux.

Conseils et astuces :

Astuce de Lala : *Si vous utilisez des petits pois surgelés, pas besoin de les décongeler. Ajoutez-les directement dans le bouillon pour préserver leur saveur.*

Le citron confit : *C'est l'ingrédient star de ce tajine. Il apporte une saveur unique, à la fois acidulée et légèrement sucrée. Si vous n'en avez pas, vous pouvez le remplacer par du zeste de citron frais et un peu de jus, mais le résultat sera moins intense.*

La cuisson lente : *Le secret d'un bon tajine réside dans la patience. La cuisson à petits bouillons permet à la viande de devenir tendre et aux saveurs de se développer pleinement.*

Tajine de veau aux carottes

Le tajine de veau aux carottes est un classique des repas traditionnels au Maroc. Il évoque les soirées d'hiver où l'on se réunit en famille, autour de ce plat doux et chaud.

Ingrédients :

(pour 4 personnes)

600 g de jarret de veau (découpé en morceaux)

1,2 kg de carottes

1 gros oignon rouge

2 gousses d'ail

1 pincée de safran

1 pincée de gingembre

1 pincée de cumin

4 c. à soupe d'huile d'olive

Sel, poivre

Temps de préparation : 20 min

Temps de cuisson : 1h30

Étapes :

1. Cuire le veau :

Dans un faitout, disposer les morceaux de veau. Ajouter le safran, le gingembre, le cumin, l'huile, l'oignon coupé en morceaux, l'ail haché, le sel et le poivre.

Couvrir d'eau froide et porter à ébullition. Laisser cuire à petits bouillons pendant 1 h puis retirer la viande et réserver.

2. Cuire les carottes :

Peler et couper les carottes en bâtonnets et les ajouter dans le faitout avec le bouillon de cuisson.

Laisser cuire les carottes à feu moyen pendant 20 min, jusqu'à ce qu'elles soient tendres mais encore fermes, puis retirer les carottes et réserver.

3. Réduire la sauce :

Faire réduire le bouillon à feu doux jusqu'à obtenir une sauce onctueuse et parfumée.

4. Finaliser le tajine et servir :

Disposer la viande et les carottes dans un tajine et arroser généreusement avec la sauce réduite.

Réchauffer le tajine sur feu doux pendant quelques min avant de le servir, accompagné de pain frais ou de semoule pour un repas complet et savoureux.

Conseils et astuces :

Astuce de Lala : Pour sublimer les carottes, ajoutez une cuillère à café de miel lors de la cuisson. Cela apportera une douceur subtile et équilibrera les saveurs.

Le safran : Utilisez du vrai safran en filaments pour un parfum incomparable. Écrasez-le légèrement avant de l'ajouter pour libérer tous ses arômes.

La cuisson lente : La clé d'un tajine réussi réside dans la patience. La cuisson à petits bouillons permet à la viande de devenir fondante et aux carottes d'absorber toutes les saveurs du bouillon.

La harira de Lala :
Une soupe préparée avec amour

Je me souviens des Ramadans de mon enfance comme d'une longue mélodie, douce et enveloppante, qui commençait au lever du soleil et se prolongeait bien après la tombée de la nuit. Mais ce qui marquait vraiment ces journées, c'était la cuisine, celle de Lala, ma grand-mère. C'était toujours la même routine. L'après-midi, alors que Marrakech s'engourdissait sous le soleil brûlant, je restais avec Lala dans la cuisine. Les rues étaient silencieuses, presque désertes, mais chez nous, c'était l'effervescence. Lala, avec son tablier vert et ses mains agiles, transformait chaque instant en une cérémonie.

« Viens, Marïa, disait-elle en m'attirant près d'elle. Aujourd'hui, on prépare la harira. »

La harira, c'était bien plus qu'une soupe. C'était un rituel, une tradition, une manière de dire : « Nous sommes ensemble. »

Je la regardais découper les légumes avec une précision qui me fascinait. Les oignons, le céleri, le persil – chaque ingrédient était traité avec respect, comme s'il avait une âme.

« Tu vois, Marïa, m'expliquait-elle en versant les lentilles et les pois chiches dans la cocotte, la harira, c'est comme la vie. Il faut du temps, de la patience, et beaucoup d'amour. »

Je l'observais, émerveillée, tandis qu'elle ajoutait les épices – curcuma, gingembre, ras-el-hanout – et que l'odeur commençait à emplir la pièce. C'était une symphonie de parfums, un mélange de douceur et de force qui me rappelait Lala elle-même.

Puis venait le moment du liant, cette mixture de farine et d'eau qu'elle versait en filet dans la soupe, tout en remuant avec une cuillère en bois.

« Il faut que ce soit lisse, Marïa, disait-elle en me montrant comment faire. Comme ça, la soupe sera parfaite. »

Je me souviens de ces après-midi comme d'un temps suspendu. Le monde extérieur n'existait plus. Il n'y avait que Lala, moi, et cette soupe qui mijotait doucement sur le feu. Parfois, elle me racontait des histoires – des histoires de son enfance, de ses regrets de n'avoir pas été à l'école, de sa mère, des Ramadans qu'elle avait connus jadis. D'autres fois, nous restions simplement silencieuses, bercées par le bruit du mélangeur et le murmure de la télévision en fond.

Et puis, enfin, venait l'heure de la rupture du jeûne. Le canon retentissait, suivi de l'appel à la prière du muezzin. La famille se réunissait autour de la table, où trônait la harira, fumante et parfumée. Je regardais Lala servir la soupe, fière et souriante.

« Mange, Marïa, disait-elle en me tendant un bol. C'est fait avec amour. »

C'était si vrai... Chaque cuillérée de harira était un peu de Lala, un peu de son histoire, un peu de son amour.

Aujourd'hui, quand je prépare cette soupe, je sens sa présence à mes côtés. Ses mains guidant les miennes, sa voix murmurant des conseils, son rire résonnant dans la cuisine.

La harira de Lala, c'est bien un héritage, une mémoire, une manière de dire : « Je suis là. Je me souviens. »

La harira de Lala et Marïa

Cette recette, c'est un peu de Lala, un peu de moi, et tout l'amour que nous avons partagé dans cette cuisine, pendant ces Ramadans qui ne reviendront plus, mais dont je garde chaque détail précieusement, comme un trésor.

Ingrédients :

(pour 6 personnes)
200 g d'agneau en cubes
1 gros oignon haché
2 branches de céleri hachées
1 bouquet de persil ciselé
2 c. à soupe de concentré de tomate
4 tomates pelées et écrasées
100 g de lentilles rincées
100 g de pois chiches égouttés
1,5 l d'eau
1 c. à café de curcuma
1 c. à café de gingembre
1 c. à café de ras-el-hanout
1 pincée de cannelle
1 pincée de cumin
Sel, poivre
1 pincée de safran
1 c. à soupe de smen (beurre fermenté salé)
50 g de riz
2 c. à soupe de farine
250 ml d'eau (pour le liant)
Quartiers de citron pour servir

Temps de préparation :
25 min

Temps de cuisson :
1h30 à 2h

Étapes :

1. Dans une grande cocotte, faire chauffer un peu de matière grasse et faire dorer les cubes d'agneau. Réserver.

2. Dans la même cocotte, faire revenir l'oignon, le céleri et le persil pendant quelques min.

3. Ajouter les épices (curcuma, gingembre, ras-el-hanout, cannelle, cumin, poivre) et replacer la viande dans la cocotte. Ajouter le concentré de tomate et faire revenir 5 min.

4. Incorporer les tomates écrasées et laisser mijoter 10 à 15 min.

5. Ajouter les lentilles, les pois chiches et 1,5 l d'eau. Assaisonner avec le sel, le safran et le smen. Porter à frémissement et laisser mijoter 1h30 à 2h, partiellement couvert.

6. Préparer le liant en mélangeant la farine et 250 ml d'eau jusqu'à obtenir une texture lisse.

7. Découvrir la soupe, ajouter le riz et laisser cuire 2 min. Verser le liant en filet tout en remuant pour épaissir la soupe.

8. Ajouter les quartiers de citron au moment de servir.

La tradition :

Au Maroc, cette soupe du Ramadan se déguste traditionnellement avec des œufs durs, des dattes et des chebakias (gâteaux au sésame et au miel).

L'Aïd chez Lala

Ce matin-là, la maison était emplie d'une douce effervescence. Dès l'aube, ma grand-mère Lala, ma tante Soumia et moi nous étions activées silencieusement, presque religieusement, à dresser cette table somptueuse, digne d'une fête tant attendue. Le soleil, lui aussi levé très tôt, s'invitait joyeusement par la fenêtre, déposant ses reflets dorés sur la nappe brodée avec soin par les mains de Lala.

Tout autour, le parfum délicat des crêpes baghrirs fraîchement préparées flottait dans l'air, accompagnées d'un bol de miel doré, doux comme un sourire de fête. Les pains batbouts, chauds et moelleux, côtoyaient les msemens, ces galettes feuilletées qui croustillaient encore légèrement sous les doigts. Le kika, gâteau généreux à la texture fondante, découpé avec tendresse, attendait patiemment qu'on lui fasse honneur.

Soumia, radieuse dans son caftan brodé aux couleurs pastel, ajustait les derniers détails : les coupelles garnies de confitures maison, les petits carrés de beurre soigneusement pliés, les olives délicatement assaisonnées. Je regardais, émerveillée, comment chaque geste semblait prolonger une tradition précieuse.

Lala était, elle aussi, vêtue d'un élégant caftan. Dessous, invisible mais essentiel, une chemise fine, tachamir ou tahtiya, à col délicatement brodé, et orné d'une discrète dentelle, recouvrait un pantalon ample et confortable, le seroual. Par-dessus, le caftan, pièce centrale d'une élégance intemporelle, drapait sa silhouette avec grâce, dans des tons subtils où s'entrelaçaient le vert, le blanc cassé et des touches de lilas pâle.

Elle disposait délicatement les pains marocains chauds, les fameux batbouts gonflés et dorés, et des msemens feuilletés, tout juste sortis de la poêle. Ses gestes doux et assurés donnaient à chaque élément une importance particulière.

« Aujourd'hui est un jour sacré, Maria, me répétait-elle en souriant, la table doit être généreuse comme le cœur de ceux qui accueillent. »

Bientôt, le thé à la menthe parfumé, encore chaud dans sa théière argentée, serait servi dans les verres soigneusement alignés sur le plateau argenté. Les bruits familiers commençaient à remplir la maison : les voix joyeuses des enfants déjà vêtus de leurs habits neufs, les salutations chaleureuses échangées entre adultes, ponctuées de doux « Aïd Moubarak ».

J'observais tout cela avec émotion, sachant combien ces instants précieux comptaient pour Lala. Sa maison était impeccablement préparée, prête à accueillir tous ceux que nous aimions.

« C'est dans ces moments-là que les liens se resserrent », murmurait-elle avec une tendresse infinie dans la voix.

Puis, au moment précis où les hommes revenaient de la mosquée, imprégnés encore de la sérénité matinale de la prière, la famille entière s'installait autour de cette table généreuse et colorée. Les éclats de rire se mêlaient aux parfums sucrés, aux saveurs riches des mets préparés avec amour.

En regardant cette scène vivante, je réalisais que ces traditions ne nourrissaient pas seulement nos corps, mais aussi nos âmes, renforçant ces liens familiaux qui, année après année, nous unissaient toujours davantage.

Fête de l'Aïd chez Lala.

Le kika de Lala – Cake marocain à l'orange

Chaque Aïd, l'odeur sucrée et envoûtante du kika de Lala envahit la maison, promesse d'un goûter moelleux et parfumé. Ce gâteau emblématique du Maroc, simple mais irrésistible, accompagne aussi bien les matins festifs que les après-midi de retrouvailles familiales. Préparé avec amour, imbibé de confiture d'abricot et saupoudré de noix de coco, il est la définition même du réconfort.

Ingrédients :

(pour un grand moule)
375 g environ de farine
1 yaourt nature
1 verre de jus d'orange frais (250 ml)
300 g environ de sucre
¾ de verre d'huile neutre (environ 190 ml)
3 œufs entiers
1 sachet de levure chimique (11 g)
1 pincée de sel
2 c. à soupe de confiture d'abricot
2 c. à soupe de noix de coco râpée (optionnel)

Temps de préparation : 15 min

Temps de cuisson : 30 à 35 min

Étapes :

1. Préchauffer le four à 200°C.

2. Dans un grand saladier, fouetter les œufs, le yaourt nature et le sucre jusqu'à ce que le mélange blanchisse et devienne mousseux.

3. Ajouter l'huile en filet, puis le jus d'orange frais. Mélanger

Préparez ce cake pour partager un moment d'authenticité et de gourmandise, à l'image des traditions marocaines les plus précieuses.

doucement.

4. Tamiser la farine avec la levure chimique et le sel, puis incorporer progressivement au mélange liquide. La pâte obtenue sera légèrement fluide, c'est normal.

5. Verser dans un moule à cake ou un moule en couronne préalablement beurré.

6. Enfourner à 180°C pendant environ 30 à 35 min. Vérifier la cuisson en plantant la lame d'un couteau : elle doit ressortir sèche.

7. Dès la sortie du four, démouler délicatement le cake sur une grille.

8. Mélanger la confiture d'abricots avec 2 c. à soupe d'eau froide et badigeonner le cake encore chaud avec ce mélange pour le rendre encore plus moelleux.

9. Saupoudrer de noix de coco râpée si désiré.

La légende :

On raconte que dans les anciens souks de Marrakech, ce gâteau était le premier réconfort sucré offert aux jeunes mariées le matin de l'Aïd, symbole de douceur et de prospérité pour leur nouvelle vie. Aujourd'hui encore, chaque famille a sa version du kika, transmise de génération en génération, comme un secret bien gardé.

Conseils et astuces :

Choix du jus d'orange : Privilégiez un jus d'orange pressé maison ou un pur jus de qualité. Évitez les nectars ou jus concentrés qui altéreraient la saveur du gâteau.

Texture parfaite : Pour une mie aérienne, veillez à bien fouetter les œufs et le sucre au début.

Conservation : Pour préserver le moelleux, conservez le kika sous une cloche à gâteau ou dans un récipient hermétique.

Variantes : Ajoutez des zestes d'orange pour intensifier le parfum ou incorporez des amandes effilées pour une touche croquante.

Le rituel du thé à la menthe

Le thé à la menthe n'est pas une simple boisson. C'est un rituel, une cérémonie sacrée où chaque geste est une prière, chaque mouvement une offrande. Lala m'a appris cela dès mon plus jeune âge, en m'asseyant à ses côtés, les jambes croisées sur les coussins brodés, tandis que ses mains, agiles et infatigables, transformaient l'eau, les feuilles de thé et la menthe en un élixir doré.

« Le thé, c'est comme la vie, disait-elle en versant le liquide fumant d'un verre à l'autre, créant une cascade mousseuse qui semblait danser sous la lumière tamisée. Le premier verre est doux comme l'enfance, le deuxième fort comme l'amour, le troisième amer comme la mort. »

Je la regardais, fascinée, tandis qu'elle répétait ces gestes avec une précision hypnotique. Ses doigts, ridés mais fermes, tenaient la théière en argent comme si c'était un objet sacré. Elle versait le thé de haut, à environ trente centimètres au-dessus des verres, créant une mousse légère qui capturait l'essence même de la menthe.

« C'est l'errouh, l'âme du thé », murmurait-elle, comme si elle partageait un secret ancien.

Le plateau en cuivre, orné de motifs géométriques, était toujours garni de petits pains chauds, de miel doré et d'amandes grillées. Parfois, elle ajoutait des gâteaux aux amandes, légers et parfumés à la fleur d'oranger, ou des briouates croustillantes, fourrées de pâte d'amandes et de cannelle.

« Le thé, c'est aussi le partage, disait-elle en me tendant un verre. On ne boit jamais seul. »

Les après-midi passés à préparer et à déguster le thé avec Lala étaient des moments suspendus dans le temps. Nous parlions peu, mais chaque silence était chargé de sens. Elle me racontait des histoires de son enfance, des récits de femmes fortes qui préparaient le

Le thé à la menthe de Lala.

thé pour leurs familles, leurs invités, leurs amis.

« Le thé, c'est l'hospitalité, disait-elle. C'est une manière de dire : tu es chez toi ici. »

Maintenant, c'est à mon tour de tenir la théière, de verser le thé avec cette grâce apprise, de sentir l'odeur de la menthe et du sucre caramélisé envahir la pièce. Et chaque fois que je le fais, je sens Lala près de moi, comme si elle me guidait, comme si elle me disait : « N'oublie pas. N'oublie pas les gestes, les odeurs, les saveurs. N'oublie pas que le thé, c'est plus qu'une boisson. C'est une mémoire. C'est une vie. »

Et je n'oublie pas. Je n'oublie jamais.

Fakkas de Lala :
Biscuits croquants aux amandes

Véritable trésor culinaire du Maroc, les fakkas sont ces biscuits croquants que l'on déguste avec du thé à la menthe ou un café bien chaud. Préparés lors des grandes occasions ou pour accompagner les matins gourmands, ils allient la douceur des amandes et la chaleur des épices.

Temps de préparation : 45 min

Temps de cuisson 1 : environ 15 min

Temps de repos : 8 h

Temps de cuisson 2 : 20 min

Ingrédients :

1 kg de farine tamisée

6 œufs entiers

200 g de sucre

150 g d'amandes émondées (trempées dans de l'eau de fleur d'oranger)

½ verre (125 ml) d'eau de fleur d'oranger

70 g de sésame grillé

20 g d'anis

250 ml d'huile neutre

14 g de levure chimique

½ c. à café de sel

1 c. à café de Nescafé dilué dans un peu d'eau pour la dorure

Étapes :

1. Préparer la pâte :

Dans un grand saladier, fouetter les œufs avec le sucre jusqu'à obtenir un mélange légèrement mousseux.

Ajouter l'huile, l'eau de fleur d'oranger, le sésame grillé, l'anis et les amandes égouttées. Bien mélanger.

C'est toute la chaleur des maisons marocaines qui est contenue dans ces biscuits dorés et croustillants.

Incorporer progressivement la farine tamisée mélangée à la levure et au sel, jusqu'à obtenir une pâte homogène et légèrement collante.

2. Façonner les barres :

Diviser la pâte en quatre portions.

Former des rouleaux légèrement aplatis d'environ 4 cm de largeur.

Badigeonner la surface avec un mélange de jaune d'œuf et de Nescafé pour une belle dorure.

À l'aide d'une fourchette, tracer des stries sur le dessus pour donner un aspect traditionnel.

3. Première cuisson :

Préchauffer le four à 180°C puis disposer les rouleaux sur une plaque recouverte de papier cuisson.

Faire cuire pendant environ 15 à 18 min jusqu'à ce qu'ils soient légèrement dorés.

4. Laisser reposer et découper :

Sortir les rouleaux du four et les couvrir d'un torchon humide.

Laisser refroidir pendant au moins 8 h ou toute une nuit.

Une fois refroidis, couper les rouleaux en tranches fines d'environ 1 cm d'épaisseur.

5. Deuxième cuisson :

Disposer les tranches à plat sur une plaque de cuisson.

Enfourner à 160°C pendant environ 10 min de chaque côté jusqu'à ce qu'ils prennent une belle couleur dorée et deviennent bien croquants.

Conseils et astuces :

Texture : *Pour plus de croquant, laissez sécher les tranches à l'air libre quelques heures avant la seconde cuisson.*

Variante gourmande : *Ajoutez une poignée de raisins secs ou des noisettes concassées pour un goût encore plus riche.*

Conservation : *Stockez les fakkas dans une boîte hermétique pour préserver leur croustillant pendant plusieurs semaines.*

La légende :

On raconte qu'autrefois, les fakkas étaient le cadeau préféré des voyageurs marocains partant en caravane. Leur texture croquante et leur longue conservation en faisaient une collation précieuse pour accompagner les longues traversées du désert. Aujourd'hui encore, ils sont un incontournable des tables familiales, transmettant à chaque bouchée le goût du partage et de la tradition.

Les racines et les étoiles... L'héritage d'une grand-mère marocaine

Il y a des odeurs qui sont des portes. Celle du savon noir et du ghassoul, mêlée à la vapeur épaisse du hammam, suffit à me ramener trente ans en arrière. Je ferme les yeux et je la vois : ma grand-mère, Fatima, ses mains douces comme des feuilles de figuier frais, son sourire où brillaient quelques dents en or. Elle me tend le seau de cuivre, celui qu'elle chérissait comme un trésor, orné de motifs qui racontaient une histoire que je ne savais pas encore lire.

« Maria, viens. »

Sa voix résonne encore dans ma mémoire, douce et ferme, comme l'eau qui coule sur les pierres chaudes. Le hammam était notre temple. Sous les coupoles étoilées, dans cette lumière bleutée qui semblait venir du fond des âges, elle m'a enseigné bien plus que le rituel du bain. Chaque geste était une leçon : la façon de mélanger le ghassoul pour qu'il forme une pâte onctueuse, l'art d'exfolier la peau avec ces petites galettes de liège qui grattaient juste assez, l'application de l'huile d'argan, dorée comme le soleil de l'Atlas.

« Le hammam nettoie plus que la peau, Maria. Il purifie l'âme. »

Je ne comprenais pas alors la profondeur de ces mots. Aujourd'hui, je sais. Je sais que ces heures passées dans la chaleur humide, entre femmes, étaient une initiation silencieuse. Une transmission qui se faisait par les pores de la peau, bien avant de passer par les mots.

Les fêtes, ces ponts entre les générations

Achoura. Le mot seul fait vibrer en moi une mélodie de rires et de tambourins. La veille de la fête, nous allions à la place Jemaa el-Fna, ma grand-mère et moi. Elle marchait lentement, son grand sac en toile sur l'épaule, tandis que je sautillais à ses côtés, éblouie par les étals de jouets. Les couleurs vives des taarijas, les reflets métalliques des plateaux en cuivre, l'odeur des amandes grillées et du pain frais – tout était magie.

« *Choisis, habibti.* »

Elle m'offrait toujours un instrument. Un tambour, une flûte, quelque chose qui ferait du bruit, qui m'animerait. Le soir, ma tante Soumia dessinait des motifs de henné sur mes petites mains. Je sentais la pâte fraîche et légèrement parfumée, et je retenais mon souffle pour ne pas gâcher les lignes délicates.

Puis venait le festin. Le couscous au gueddid, cette viande séchée qui avait mijoté pendant des heures, imprégnée d'épices qui parlaient du Sud, du désert, des caravanes. Nous étions tous là, serrés autour de la table basse, les oncles, les tantes, les cousins. Les rires, les disputes, les silences aussi.

Et soudain, les tambours de la dakka. La nuit s'emplissait de ce rythme ancestral, et nous sortions, attirés par la musique comme des papillons par la lumière. Le feu, la chaâla, crépitait. Les flammes dansaient, projetant des ombres folles sur les murs blancs de la maison. Nous sautions par-dessus, ma grand-mère me tenant la main, et la fumée nous enveloppait, nous purifiait.

L'Aïd et les saveurs de l'enfance

L'Aïd était une autre histoire. Une histoire de respect, de patience, de silence parfois. Je me souviens du mouton, choisi avec soin quelques jours plus tôt, qui broutait paisiblement dans la cour sans savoir. Je me souviens de mon père, sérieux, accomplissant le sacrifice avec une gravité qui m'impressionnait.

Et puis, il y avait le boulfaf.

Ma grand-mère découpait le foie avec une précision de chirurgienne. Ses doigts, habituellement lents, devenaient rapides, habiles. Elle enveloppait chaque morceau dans une fine couche de graisse, comme on emmaillote un nouveau-né.

« Regarde, Maria. Comme ça. »

Je regardais, fascinée. L'odeur du charbon, celle de la viande qui grillait, le crépitement des flammes – tout cela se mêlait aux histoires qu'elle me racontait. Des histoires de son enfance dans le vieux riad de Marrakech, où les femmes passaient des jours à préparer les fêtes, où les rires résonnaient dans le patio ouvert sur le ciel. Où également, toute la famille partageait avec ses voisins juifs la skhina, ce délicieux plat traditionnel du Shabbat.

La langue, ce fil rouge

« Ici, on parle marocain, Maria. »

Elle refusait de me répondre en français. Au début, cela me frustrait. Puis, peu à peu, les mots sont revenus. D'abord hésitants, comme des enfants craintifs, puis plus assurés. Elle me corrigeait avec patience, répétant jusqu'à ce que la prononciation soit parfaite.

C'est dans cette langue que m'est revenue l'histoire de la hadra, cette cérémonie qui m'avait tant effrayée enfant.

« C'est une danse pour les femmes, Maria. Une danse où l'on se libère de tout ce qui pèse sur le cœur. »

Je l'avais vue, ce jour-là, tournoyer avec les autres, les yeux fermés, le visage illuminé d'une joie étrange. Puis elle avait vu ma peur, et nous étions parties. Elle n'avait jamais regretté ce choix.

Le mariage, ou la mémoire en caftan

Des années plus tard, ce fut le mariage familial. Ma grand-mère avait choisi pour moi un caftan aux tons émeraude et or, un vêtement de princesse.

La salle était un rêve : des lanternes suspendues, des tissus légers flottant au vent des éventails, des tables croulant sous les pâtisseries. La Negafa, majestueuse, ajustait les plis de la robe de la mariée avec des gestes sacerdotales.

Et puis, l'Amariya avait fait son entrée, portée par les hommes de la famille. Les mariés, juchés comme des souverains, souriaient sous les youyous. Ma grand-mère m'avait serré la main.

« Un jour, ce sera toi, Maria. »

Je n'ai pas encore porté l'Amariya. Mais chaque fois que j'ouvre mon armoire et que je vois ce caftan, je sens son regard sur moi.

L'héritage

Ma grand-mère vit toujours, à Marrakech. Je l'entends de loin, souvent même avant d'aller la voir, le temps d'un séjour. Mais tout ce qu'elle m'a donné est vivant. Dans mes mains quand je prépare le thé à la menthe, exactement comme elle le faisait. Dans ma bouche quand je prononce ces mots marocains qui roulent comme des cailloux chauds. Dans mon cœur, chaque fois que je passe la porte d'un hammam.

Je n'ai pas de riad à patio ouvert sur le ciel. Mais j'ai ses histoires. Je n'ai plus ses mains pour me guider, mais j'ai ses leçons.

Et quand je me sens perdue, il me suffit de fermer les yeux, de respirer profondément. L'odeur du ghassoul et du savon noir revient, tenace.

« Après la pluie, il y a toujours du soleil, habibti. »

Sa voix est là, toujours. Et avec elle, tout un monde.

III.
Souvenirs et recettes de mes parents

*Catherine, ma mère bretonne
et Fouad, mon père marocain*

Les carnets de ma mère :
Recettes d'un amour retrouvé

Lors d'un de mes séjours à Marrakech, je suis assise dans le bureau de mon père.

« Tu devrais regarder, Marïa. C'est un peu de ta maman. »

Une boîte en carton posée devant moi. Je retire délicatement les carnets anciens de ma mère Catherine, couverts de taches et d'annotations, gardés précieusement par mon père depuis plus de trente-six ans. Le papier jauni est fragile sous mes doigts. Une émotion douce et douloureuse me serre le cœur.

Je parcours les pages lentement. La belle écriture de ma mère à l'encre bleue s'étend, régulière et fine, au fil des recettes soigneusement notées. « Quiche au fromage ». Je ferme les yeux, tentant d'imaginer le goût qu'elle avait sous ses mains. Je ne l'ai jamais goûtée, mais en lisant les instructions précises, je ressens une étrange proximité avec elle. Je devine sa concentration, son envie d'offrir quelque chose de chaleureux à ceux qu'elle aimait.

La page suivante évoque des crêpes farcies au fromage frais et aux épinards. Les mots sont posés avec une clarté pour dire des choses essentielles. Je me surprends à sourire. Aurait-elle aimé voir sa fille adulte reproduire ses gestes ? Aurait-elle été fière ? Je ne l'ai jamais vraiment connue. Quand elle nous a quittés, je n'avais pas encore trois ans. Pourtant, là, dans ces pages, elle est présente, attentive, généreuse, patiente.

« Courge butternut farcie au fromage ». La recette me semble réconfortante. Je remarque quelques annotations marginales, écrites rapidement, presque effacées par le temps. Je reconnais la tendresse de ma mère dans ces détails infimes, dans l'attention qu'elle portait aux saveurs, à l'équilibre des ingrédients. Mon père disait toujours qu'elle

Les carnets de ma mère: recettes d'un amour retrouvé

Je découvre les recettes de ma mère.

aimait nourrir les autres, qu'elle montrait son amour à travers ses plats.

Je continue de feuilleter, émue, avec un pincement de nostalgie grandissant dans ma poitrine. Le hachis Parmentier à la viande hachée. Ce plat, mon père le préparait parfois. Je comprends maintenant qu'il suivait probablement les instructions laissées par ma mère, comme un rituel silencieux pour honorer sa mémoire. Je sens monter les larmes à cette pensée. Je n'ai jamais réalisé à quel point ces plats simples avaient lié mes parents au-delà du temps et de l'absence.

Puis je tombe sur la soupe à l'oignon traditionnelle. Une recette marquée d'une petite étoile en haut de page. Je souris doucement. Un signe discret qu'elle appréciait particulièrement ce plat ? Une note personnelle, un goût particulier, un souvenir heureux peut-être ? Une recette de Mémé ? Je ne le saurai jamais vraiment, mais j'aime penser qu'il s'agissait là d'un plaisir intime, une joie simple qu'elle gardait pour elle.

Je referme le carnet lentement. Ces pages sont un héritage. Un héritage de saveurs, d'amour, et de vie. Et je sais que, tant que je continuerai à cuisiner, elle sera toujours là, à mes côtés, dans chaque geste, dans chaque recette. Je me sens proche de ma mère, reliée à elle par ces gestes, ces saveurs, ce savoir-faire transmis silencieusement à travers le papier. Je décide alors qu'il est temps pour moi de cuisiner ces plats, de faire revivre ces recettes, de remplir ma cuisine des parfums qu'elle aimait. L'idée de les faire partager m'envahit et s'emmêle en moi tels des racines sous la terre, tels des ruisseaux invisibles courant vers un même océan, tels des fils silencieux reliant mon cœur à sa mémoire. C'est ma façon à moi de connaître Catherine, de l'aimer à travers ce qu'elle nous a laissé, et de partager enfin, après tant d'années, ces moments précieux avec elle.

La mémoire des fromages

J'avais un peu plus de deux ans et demi lorsque ma mère est morte. On me l'a tant répété que cela m'est devenu une date intérieure. Mais c'est par la voix de mon père, sa voix infatigable de veuf tendre, que j'ai appris à connaître Catherine, ma mère.

Il en parle comme on évoque une apparition. Toujours les yeux ailleurs, comme s'il cherchait à la revoir dans l'angle d'une pièce ou dans la vapeur d'un plat. Il me raconte. Et moi, je bois. Comme on boit une source ancienne.

Il m'a raconté ses fromages.

Il m'a dit qu'avant elle, il n'avait connu que le gouda, l'edam, ce fromage des épiceries marocaines, orange, docile, fidèle et sans surprise. Il croyait que c'était cela, le fromage. Une habitude salée.

Et puis il y eut elle. Catherine. Ma mère.

Elle ne l'a pas corrigé. Non. Elle l'a doucement initié. Par le goût. Par la patience. Par cette manière qu'elle avait, dit-il, de poser un Bresse bleu sur la table comme on pose une confidence.

Il me dit que ce jour-là, le bleu du fromage avait quelque chose d'intime, de dérangeant, presque indécent. Qu'il a eu peur. Et qu'il a aimé.

Elle ne lui faisait jamais tout goûter d'un coup. Non. Elle procédait par lenteur. Par mystère. Une éducation sensuelle du palais. D'abord le bleu d'Auvergne — un goût de pierre et d'herbe. Puis le munster — une odeur d'étable et un cœur doux. Puis le pont-l'évêque, le pélardon, la tomme, le brie de Meaux, le charolais. À chaque fromage, une terre. À chaque terre, un amour. À chaque amour, une nuance de ma mère.

Il me dit que le soir, la petite cuisine de Rennes devenait une cathédrale laïque où ta mère, ma mère, officiait en silence. Le couteau en main, elle découpait des morceaux de France et les posait devant lui comme on offre des bouts de soi.

Il me dit que son palais est devenu plus qu'un lieu de goût. C'est devenu un sanctuaire.

Et moi, je l'écoute. Je n'ai jamais goûté ce qu'elle lui faisait découvrir. Mais dans ses phrases, dans ses silences quand il nomme un fromage, je ressens le tremblement d'un homme qui a été aimé.

Aimé par une femme douce, forte, discrète, patiente, une femme de cuisine et de lumière.

Alors, pour me la faire revivre, il m'a donné sa quiche.

La quiche au fromage de Catherine.

Pas une quiche ordinaire, non.

Une quiche avec l'emmental qu'elle préférait. Avec le comté qu'il avait appris à aimer. Et parfois, quand elle était d'humeur taquine, un petit morceau de ce brie de Meaux, celui qui s'affaisse à peine sur la langue et qui vous rappelle que la tendresse peut être un effondrement.

Il me raconte comment elle battait les œufs. Comment elle versait le lait comme on verserait une promesse. Comment la muscade, râpée lentement, faisait flotter dans la pièce une attente heureuse.

Il me raconte la cuisson lente, l'odeur, la lumière qui changeait dans la pièce.

Et il me dit qu'il n'a jamais su si c'était le goût ou l'amour qui fondait en premier.

Aujourd'hui, il me regarde. Et c'est moi qui suis devant le four.

C'est moi qui râpe la muscade.

C'est moi, sa fille, la fille de Catherine, qui perpétue ce geste ancien.

Et quand la quiche dore, quand le fromage craque un peu au bord, quand la cuisine sent bon comme dans une enfance que je n'ai pas eue, je sais.

Je sais que je ne suis pas seule.

Ma mère, cette sainte discrète aux mains de cuisine, est là.

Dans le goût.

Dans la chaleur.

Dans le silence nourri de mon père qui me regarde comme on regarde un miracle revenu.

Quiche au fromage

La quiche au fromage est un classique intemporel, facile à préparer mais toujours impressionnant. Cette version, généreuse en fromage et enrichie de noix de muscade, est parfaite pour un déjeuner en famille ou un dîner entre amis. Elle évoque les saveurs réconfortantes de la cuisine traditionnelle, tout en laissant place à la créativité grâce au choix des fromages. Un plat qui réunit simplicité et élégance, à savourer sans modération.

Ingrédients :

Temps de préparation : 20 min

Temps de cuisson : 30 à 35 min

Repos : 15 min

Total : 1h10

(pour 6 personnes)

1 pâte brisée faite maison ou toute prête (pour un moule de 26 à 28 cm de diamètre)

300 g de fromage(s) émietté(s) et/ou râpé(s) : emmental, comté, ou un mélange de vos fromages préférés

37,5 cl de lait frais entier

37,5 cl de crème fleurette fraîche

3 œufs entiers

3 jaunes d'œufs

¾ de c. à café de noix de muscade fraîchement râpée (ajustez selon vos goûts)

Sel et poivre du moulin (au goût)

Étapes :

1. Préparer la base :

Préchauffer le four à 200 °C.

Foncer la pâte dans un moule à tarte de 26 à 28 cm de

diamètre.

Piquer le fond avec une fourchette pour éviter qu'il ne gonfle à la cuisson et placer le moule au réfrigérateur pendant la préparation de l'appareil.

3. Préparer l'appareil :

Dans un grand saladier, verser le(s) fromage(s), le lait, la crème, les œufs entiers et les jaunes.

Fouetter vigoureusement jusqu'à obtenir un mélange homogène.

Saler, poivrer et ajouter la noix de muscade fraîchement râpée. Goûter et ajuster l'assaisonnement si nécessaire.

4. Garnir le moule :

Sortir le moule du réfrigérateur et verser l'appareil à quiche sur la pâte. Répartir uniformément.

5. Cuire la quiche :

Placer la quiche au four et faire cuire pendant 30 à 35 min.

Vérifier la cuisson à partir de 25 min : si le dessus commence à trop dorer, le couvrir légèrement avec du papier d'aluminium pour éviter qu'il ne brûle.

6. Dernière étape :

Une fois la quiche bien dorée et gonflée, la sortir du four.

Laisser reposer la quiche pendant 15 min avant de la découper et de la servir.

Bon appétit !

Conseils et astuces :

Pâte maison : *Si vous préparez la pâte brisée vous-même, ajoutez une pincée de sel et un peu de sucre pour équilibrer les saveurs.*

Fromages : *N'hésitez pas à mélanger plusieurs fromages pour une quiche plus complexe et savoureuse. Le comté apporte du fondant, tandis que l'emmental donne du moelleux.*

Noix de muscade : *Râpez-la fraîchement pour un arôme plus intense. Elle se marie parfaitement avec les fromages et la crème.*

Cuisson : *Pour vérifier si la quiche est cuite, insérez la pointe d'un couteau au centre. Elle doit ressortir propre.*

Service : *Servez la quiche tiède ou à température ambiante, accompagnée d'une salade verte légèrement vinaigrée pour équilibrer le plat.*

Les crêpes de l'Absente

Je n'avais pas trois ans, paraît-il. Je portais des boucles d'oreilles rouges, j'étais très souvent en short ou en pantalon, et j'avais cette manière irrévocable de rire comme si le monde allait toujours durer. C'est mon père qui me l'a raconté. Mon père qui se souvient pour deux.

Il me parle d'elle comme on égrène une prière. Doucement, avec une voix voilée d'hésitation, comme s'il risquait de la briser à trop la nommer. Maman. Catherine. Il dit « ta mère » comme on désigne une sainte, une disparue, une vivante invisible.

Il m'a raconté ses crêpes.

Je n'ai qu'un souvenir flou de la cuisine. Mais lui, il s'en souvient exactement.

C'était à Rennes. En hiver.

Il y avait de la pluie sur les vitres, toujours. Et du silence dans les murs. Sauf quand elle était là.

Elle éclairait la pièce. Non pas par ses gestes, mais par cette chaleur silencieuse, ce courage humble qui n'a jamais besoin de s'annoncer.

Mon père parle d'un saladier en grès, d'une louche tenue d'un geste ferme, d'une pâte versée avec une concentration presque religieuse. Il dit que c'était comme un rite. Une liturgie de farine, d'amour et de maîtrise. Il dit qu'elle avait ce don rare : faire de la cuisine un langage, et de chaque crêpe une lettre d'amour.

Je n'étais qu'une enfant perchée sur une chaise. J'ouvrais de grands yeux. Je regardais sans comprendre, mais je sentais. Je sentais la tendresse. Je sentais l'amour se faire dentelle dorée sur la crêpière. Mon père dit que je souriais. Que j'ouvrais la bouche comme pour recevoir le monde.

Elle préparait ces crêpes avec une précision infinie. Le feu maîtrisé. Le retournement d'un poignet gracieux. La spatule en bois comme une baguette de chef d'orchestre. Elle m'apprenait à manger lentement, à goûter le silence chaud d'un foyer habité. Elle m'apprenait à vivre.

Mon père me parle aussi du moment où elle ajoutait les épinards et le fromage frais. Il parle de la poêle, du vert des feuilles, du souffle qu'elle retenait quand elle assaisonnait.

Il me dit qu'elle repliait les crêpes comme on borde un enfant pour la nuit.

Et puis il baisse la voix. Il me regarde. Il pose sa main sur la mienne.

« Maria, quand je cuisine cette recette aujourd'hui, c'est ta mère que j'essaie de retrouver. »

Chaque geste, chaque pincée de sel, c'est elle.

Et maintenant... c'est toi.

Alors je ferme les yeux.

Et je vois la main de ma mère sur l'épaule de mon père.

Et je sens son souffle dans ma nuque, à moi.

Et je comprends.

Je n'ai pas perdu ma mère.

Elle est là, dans mes mains quand elles battent la pâte.

Elle est là, dans le silence chaud d'une cuisine en hiver.

Elle est là, dans chaque crêpe qui se dore doucement, comme une promesse d'amour qui ne mourra jamais.

Crêpes farcies au fromage frais et épinards

Ces crêpes farcies sont un plat chaleureux et polyvalent, parfait pour un repas familial ou une occasion spéciale. La combinaison d'épinards fondants et de fromage frais crémeux, enveloppée dans une crêpe dorée, est un véritable régal. Facile à préparer, cette recette est un classique qui fera sensation et plaira à tous.

Temps de préparation :
25 min

Repos de la pâte :
15 à 20 min

Cuisson :
20 min

Montage et service :
10 min

Total :
1h10

Ingrédients :

(pour 6 à 8 crêpes)

225 g de farine de froment

300 g de fromage frais (type brousse, ricotta ou fromage blanc)

675 g d'épinards frais ou surgelés

450 ml de lait entier

1 gros oignon

3 œufs

90 ml d'huile ou du beurre demi-sel (pour la cuisson des crêpes)

Sel et poivre (au goût)

Étapes :

1. Préparer la pâte à crêpes :

Dans un grand saladier, fouetter les œufs avec le lait. Saler et poivrer légèrement.

Ajouter la farine petit à petit en fouettant pour éviter les grumeaux. La pâte doit être lisse et homogène.

Laisser reposer la pâte pendant 15 à 20 min à température ambiante.

2. Cuire les crêpes :

Faire chauffer une poêle antiadhésive à feu moyen et la huiler légèrement.

Verser une louche de pâte dans la poêle et la répartir uniformément en inclinant la poêle.

Faire cuire chaque crêpe environ 1 à 2 min de chaque côté, jusqu'à ce qu'elle soit légèrement dorée. Répéter l'opération jusqu'à épuisement de la pâte.

3. Préparer la farce aux épinards et fromage :

Peler et émincer l'oignon. Le faire revenir dans une poêle avec un peu d'huile jusqu'à ce qu'il soit translucide et légèrement doré.

Ajouter les épinards (surgelés ou frais) et laisser cuire à feu moyen pendant 10 min en remuant de temps en temps. Si vous utilisez des épinards frais, les laisser réduire jusqu'à ce qu'ils soient bien fondus.

Incorporer le fromage frais dans la poêle et mélanger doucement jusqu'à ce qu'il soit bien fondu et intégré aux épinards. Saler et poivrer selon votre goût.

4. Garnir et rouler les crêpes :

Étaler une généreuse portion de farce aux épinards et fromage sur chaque crêpe.

Replier les bords et rouler les crêpes pour former des cylindres.

5. Servir :

Servir les crêpes chaudes, accompagnées d'une salade verte ou d'une sauce légère (comme une béchamel ou une crème fraîche).

Conseils et astuces :

Pâte à crêpes : *Pour une texture plus légère, vous pouvez ajouter une pincée de bicarbonate de soude ou remplacer une partie du lait par de l'eau gazeuse.*

Fromage frais : *Utilisez un fromage frais de qualité pour une texture onctueuse et un goût riche. La ricotta ou le fromage blanc sont d'excellentes options.*

Épinards : *Si vous utilisez des épinards frais, lavez-les soigneusement et retirez les tiges trop épaisses avant de les cuire.*

Variantes : *Ajoutez des herbes fraîches (ciboulette, persil) ou des épices (noix de muscade, paprika) à la farce pour plus de saveur.*

Conservation : *Les crêpes farcies se conservent bien au réfrigérateur pendant 2 jours. Réchauffez-les doucement au four ou à la poêle avant de servir.*

Le fameux hachis Parmentier de ma mère

Je n'avais pas trois ans, dit-il. Et pourtant, dans sa voix quand il me parle d'elle, il y a cette certitude d'avoir tout vu. Tout su. Tout retenu pour moi.

Mon père me raconte souvent cette soirée d'hiver à Rennes. Il le fait comme on déplie un tissu brodé avec soin, lentement, pour ne pas froisser la mémoire. Il me dit que le ciel était d'un bleu limpide, traversé d'un soleil radieux, un de ces soleils rares et francs que la Bretagne n'offre qu'aux âmes patientes — un soleil qui semblait venu pour elle. Elle revenait du marché, les bras lourds de paniers odorants, les joues rougies, les doigts tremblants, le cœur droit. Elle n'aurait jamais manqué ce marché. C'était son pèlerinage du dimanche, sa fidélité à la vie simple.

Ses pommes de terre encore mouillées de terre s'épuisaient sur la toile cirée. Il me dit qu'elle parlait peu en cuisine, mais que chaque geste avait une précision tendre, une autorité sans violence. Elle épluchait avec une lenteur attentionnée, et moi — moi — je la suivais avec une petite casserole d'enfant, grimpée sur une chaise comme une grande, concentrée, muette de sérieux, mimant sa danse avec mes pauvres gestes brouillons.

Je ne m'en souviens pas. Et pourtant je le vois. Parce qu'il me le raconte avec cette fièvre calme que je reconnais quand il parle d'elle.

Elle faisait ce jour-là, dit-il, son célèbre hachis Parmentier. Un plat humble, presque modeste, mais qu'elle transformait — par je ne sais quelle bonté de main, quelle onction du regard — en offrande. Il me dit qu'elle savait faire cuire un oignon avec dignité, qu'elle ne versait jamais la crème trop vite, qu'elle caressait presque la purée de sa cuillère en bois, comme on borde un enfant, comme on console un homme.

Il se souvient — il se souvient de tout, ce père devenu mémorialiste sacré — de la carotte finement coupée, du thym encore humide, de l'ail qu'elle pressait du bout des doigts comme une confidence. Et moi, disait-il, moi je parlais toute seule à mes ustensiles de jouet. Je l'imitais, avec ce zèle d'enfant qui croit pouvoir être à la hauteur de sa mère.

Elle souriait, dit-il, sans bruit, comme on prie sans les mots.

Et puis elle a monté la purée, recouvert la viande, doré la surface, enfourné le tout. Le plat a disparu dans le four comme un secret en train de lever. Et dans l'odeur chaude de cette attente, dit-il, « tu t'es endormie contre moi, une cuillère en bois dans ta petite main. »

Et moi aujourd'hui, je suis là, fille d'une sainte invisible. Je ne sais pas refaire son hachis Parmentier. Mais je le ressens.

Je ressens la lumière jaune sur ses joues, je ressens la tendresse dans son silence, je ressens le poids de l'absence à chaque fois que je coupe une pomme de terre.

Mon père est devenu la voix de ma mère. Il me donne ses recettes comme on donne des psaumes. Il ne me parle pas de chagrin. Il me parle de cuisine. Il me parle d'un amour qui a survécu à la mort, à l'oubli, au temps.

Et je crois — oui, je crois — que je ne suis pas orpheline tant que je saurai me souvenir de cette odeur de thym et de muscade, de ce gratin qui fumait comme un cœur encore chaud.

Hachis Parmentier à la viande

Le hachis Parmentier est un classique de la cuisine française, réconfortant et savoureux. Cette version, généreuse en viande et en purée onctueuse, est parfaite pour un repas familial ou un dîner entre amis. Simple à préparer mais toujours impressionnant, ce plat est un véritable régal qui réchauffe les cœurs et les papilles.

Temps de préparation : 45 min

Temps de cuisson total : 1 h env.

Ingrédients :

(pour 6 personnes)

Pour la purée de pommes de terre :

1,5 kg de pommes de terre (type à chair farineuse comme la Bintje)

15 cl de crème liquide entière

Sel et poivre du moulin (au goût)

Eau de cuisson des pommes de terre (pour ajuster la consistance)

Pour la garniture à la viande :

500 g de bœuf haché (ou un mélange bœuf et porc pour plus de saveur)

1 grosse carotte

1 gros oignon

3 gousses d'ail

2 c. à soupe d'huile d'olive

Quelques branches de thym frais

Sel et poivre du moulin (au goût)

Pour le gratin :

150 g de fromage râpé (comté, emmental ou gruyère)

Étapes :

1. Préparer la purée de pommes de terre :

Laver, éplucher et couper les pommes de terre en morceaux de taille égale.

Les plonger dans une grande casserole d'eau froide salée. Porter à ébullition et faire cuire pendant 20 à 25 min jusqu'à ce qu'elles soient tendres.

Égoutter les pommes de terre en réservant un peu d'eau de cuisson. Les écraser à l'aide d'un presse-purée ou d'une fourchette.

Ajouter la crème liquide et mélanger jusqu'à obtenir une purée lisse. Si nécessaire, ajouter un peu d'eau de cuisson pour ajuster la consistance. Saler et poivrer selon votre goût.

2. Préparer la garniture à la viande :

Éplucher et émincer finement l'oignon. Éplucher et tailler la carotte en petits dés (brunoise).

Dans une poêle, faire chauffer l'huile d'olive à feu moyen. Ajouter l'oignon et la carotte, puis faire revenir pendant 5 à 7 min, jusqu'à ce qu'ils soient tendres et légèrement dorés.

Ajouter le bœuf haché, les gousses d'ail pressées et les branches de thym. Faire cuire pendant 5 à 7 min, en mélangeant régulièrement, jusqu'à ce que la viande soit bien cuite. Saler et poivrer.

3. Monter le hachis Parmentier :

Préchauffer le four à 180°C (th. 6).

Dans un plat à four, étaler la garniture à la viande en une couche uniforme.

Recouvrir généreusement avec la purée de pommes de terre, en lissant la surface avec une spatule.

Parsemer de fromage râpé.

4. Gratiner :

Enfourner le hachis Parmentier pendant 25 à 30 min, jusqu'à ce que le dessus soit bien doré.

Pour un gratinage parfait, passer le plat sous le gril du four pendant 3 à 5 min supplémentaires.

5. Servir :

Laisser reposer le hachis Parmentier pendant 5 min avant de le servir, accompagné d'une salade verte pour un repas complet.

Bon appétit !

Conseils et astuces :

Pommes de terre : *Choisissez des variétés farineuses pour une purée onctueuse. Évitez les pommes de terre à chair ferme, qui donneraient une texture moins lisse.*

Viande hachée : *Utilisez un mélange de bœuf et de porc pour plus de saveur. Vous pouvez également ajouter un peu de vin rouge lors de la cuisson de la viande pour plus de richesse.*

Fromage : *Pour un gratinage plus gourmand, mélangez plusieurs fromages (comté, emmental, parmesan).*

Préparation à l'avance : *Vous pouvez préparer le hachis Parmentier la veille et le réchauffer au four avant de servir. Ajoutez simplement un peu de crème liquide sur la purée pour éviter qu'elle ne sèche.*

Variantes : *Ajoutez des légumes comme des petits pois ou des champignons à la garniture pour une version plus légère.*

Une soupe, des souvenirs

Ce soir-là, à Casablanca, il faisait froid. Un de ces froids qui s'infiltrent sous les vêtements et vous glacent jusqu'aux os. Mon père et moi avions erré dans les rues, cherchant un endroit où manger. La plupart des restaurants étaient déjà fermés, leurs lumières éteintes, leurs rideaux tirés. Mais au bout d'une rue, nous avons aperçu une enseigne encore allumée : Ma Bretagne. Un restaurant gastronomique perché au-dessus de l'océan Atlantique. Nous avons poussé la porte, un peu hésitants, alors que le personnel commençait à ranger.

La propriétaire, une femme souriante et accueillante, est descendue du deuxième étage. Elle nous a expliqué qu'il ne restait presque plus rien en cuisine, mais qu'elle pouvait nous servir une soupe à l'oignon. Nous avons accepté sans hésiter. Assis près de la fenêtre, avec la vue sur l'océan noir et les vagues qui frappaient les rochers, nous attendions. L'odeur de la soupe a fini par arriver, chaude, riche, enveloppante. Elle était simple, mais ce soir-là, elle avait le goût de quelque chose d'extraordinaire. Chaque cuillerée nous réchauffait, nous remplissait d'un bien-être profond. Mon père m'a regardé en souriant, et j'ai su que nous pensions à la même chose : Maman.

En rentrant à la maison, mon père a commencé à parler d'elle. Il m'a raconté comment, par temps froid, elle préparait toujours une soupe spéciale. Une soupe qui réchauffait de l'intérieur, comme un câlin. Maman adorait cuisiner, surtout des soupes. Elle les variait selon les saisons, les humeurs, les envies. Parfois, c'était une soupe pleine de légumes frais, achetés au marché des Lices à Rennes, où elle passait des heures à discuter avec les paysans. D'autres fois, elle y ajoutait des haricots, des pois chiches, de la viande ou du poisson. Sa préférence allait à la morue, incorporée dans cette soupe qu'elle préparait avec une attention particulière, comme si chaque ingrédient méritait d'être choyé.

Il m'a dit que, le soir, quand l'odeur des oignons caramélisés dans le beurre commençait à envahir la maison, il savait qu'il allait se régaler. C'était un rituel, un moment de réconfort après une longue journée. La soupe à l'oignon avait une place particulière. Elle était simple, mais elle portait en elle toute une tradition, une histoire. Mon père m'a même expliqué que ce plat était considéré comme un patrimoine immatériel par l'UNESCO. Pour lui, c'était bien plus qu'une soupe. C'était un lien avec Maman, avec ses racines, avec ce qu'elle aimait.

Ce soir-là, en écoutant mon père, j'ai senti sa présence, comme si elle était là, avec nous, dans cette cuisine où les souvenirs flottaient encore. Et cette soupe à l'oignon, si simple, si réconfortante, est devenue bien plus qu'un plat. Elle est devenue un pont entre elle et moi, entre hier et aujourd'hui. Un pont que je traverse chaque fois que je prépare cette recette, chaque fois que je respire cette odeur de beurre et d'oignons, chaque fois que je pense à elle.

Soupe à l'oignon traditionnelle bretonne

La soupe à l'oignon traditionnelle bretonne est un plat revigorant, parfait pour les soirées fraîches. Avec ses oignons caramélisés, son bouillon riche et son gratin de fromage fondant, elle incarne l'âme de la cuisine française. Facile à préparer, cette soupe est un classique intemporel qui enchante et réchauffe les cœurs et les papilles.

Ingrédients :

(pour 6 personnes)

1 kg d'oignons jaunes (émincés finement)

50 g de beurre demi-sel (ou doux, selon votre préférence)

2 c. à soupe d'huile d'olive

1,5 l de bouillon de bœuf (fait maison ou en cube)

1 verre de vin blanc sec (environ 15 cl)

1 c. à soupe de farine

1 branche de thym frais

1 feuille de laurier

1 baguette de pain rassis (ou pain de campagne)

200 g de fromage râpé (gruyère, emmental ou comté)

Sel et poivre du moulin (au goût)

1 pincée de sucre (facultatif, pour caraméliser les oignons)

Temps de préparation : 20 min

Temps de cuisson : 55 min

Étapes :

1. Préparer les oignons :

Éplucher et émincer finement les oignons.

2. Faire fondre les oignons :

Dans une grande cocotte ou une marmite, faire chauffer le beurre et l'huile d'olive à feu moyen.

Ajouter les oignons émincés et les faire revenir doucement pendant 20 à 25 min, en remuant régulièrement, jusqu'à ce qu'ils soient bien caramélisés et dorés. Si nécessaire, ajouter une pincée de sucre pour accélérer la caramélisation.

3. Ajouter la farine et déglacer :

Saupoudrer les oignons avec la farine et bien mélanger pour enrober. Laisser cuire 2 à 3 min pour éliminer le goût de la farine.

Déglacer avec le vin blanc sec, en grattant les sucs au fond de la cocotte. Laisser réduire pendant 2 à 3 min.

4. Incorporer le bouillon et les aromates :

Verser le bouillon de bœuf dans la cocotte. Ajouter le thym et la feuille de laurier. Porter à ébullition, puis réduire le feu et laisser mijoter à couvert pendant 30 min.

Saler et poivrer selon votre goût.

5. Préparer les croûtons :

Préchauffer le four à 180°C (th. 6).

Couper la baguette en tranches épaisses.

Disposer les tranches sur une plaque de cuisson et les faire griller au four pendant 5 à 7 min, jusqu'à ce qu'elles soient croustillantes.

6. Monter la soupe :

Dans des bols à soupe allant au four (ou des ramequins), répartissez la soupe à l'oignon.

Déposer une tranche de pain grillé sur chaque bol, puis re-

couvrez généreusement de fromage râpé.

7. Gratiner :

Placer les bols sous le gril du four pendant 3 à 5 min, jusqu'à ce que le fromage soit bien fondu et légèrement doré.

8. Servir :

Server la soupe à l'oignon gratinée bien chaude, avec une cuillère pour savourer chaque couche de saveurs.

 Conseils et astuces :

Oignons : *Utilisez des oignons jaunes pour leur saveur douce et sucrée. Prenez votre temps pour les caraméliser, c'est la clé d'une soupe à l'oignon réussie.*

Bouillon : *Un bouillon de bœuf fait maison apportera plus de saveur, mais un bon cube de bouillon fera aussi l'affaire.*

Fromage : *Choisissez un fromage qui fond bien, comme le gruyère ou l'emmental. Pour une touche bretonne, vous pouvez ajouter un peu de fromage de chèvre.*

Pain : *Utilisez du pain rassis pour des croûtons plus croustillants. Si vous n'en avez pas, faites sécher des tranches de pain frais au four à basse température pendant 10 minutes.*

Variantes : *Ajoutez une touche de crème fraîche dans la soupe avant de servir pour plus d'onctuosité.*

Ma première soupe de bébé

Je fouillais dans un vieux carton que mon père m'avait donné, un de ceux qui traînaient dans un placard depuis des années, recouverts d'une fine couche de poussière et d'oubli. Il était là, posé devant moi, rempli de papiers jaunis, de photos floues et de souvenirs éparpillés. Je ne cherchais rien en particulier, je jetais juste un coup d'œil comme le souhaitait mon père. Et puis, je l'ai trouvée. Une feuille pliée en quatre, fragile, presque transparente, avec des mots tracés à la main. Une recette. La recette.

C'était la recette de ma mère, Catherine. Celle qu'elle préparait pour moi quand j'étais bébé, il y a plus de trente-six ans. Celle aussi que mon père me faisait quand elle partait en voyage pour la semaine. Les ingrédients étaient listés avec soin, dans une écriture douce et appliquée : une pomme de terre, une carotte, un peu de courgette, un filet d'huile d'olive. Rien de compliqué, rien d'extraordinaire. Juste une soupe. Mais c'était sa soupe. Celle qu'elle faisait pour moi, pour me nourrir, pour me voir grandir.

Je me suis assise par terre, les jambes croisées, la feuille entre les mains. Je la touchais délicatement, comme si elle pouvait s'effacer sous mes doigts. Je lisais et relisais chaque mot, chaque ligne, essayant de retrouver quelque chose d'elle, quelque chose de nous. Mais je n'avais presque aucun souvenir d'elle. Elle est partie trop tôt, quand je n'avais même pas trois ans. Tout ce que je savais, c'était ce que mon père et les autres m'avaient raconté. Une femme douce, aimante, toujours là pour les autres. Une mère qui m'aimait plus que tout, même au plus fort de sa maladie, cette chose sournoise qui lui dévorait les entrailles.

Je ferme les yeux et j'essaie de l'imaginer, debout dans la cuisine, penchée sur une casserole, remuant doucement la soupe. Je veux croire que je me souviens de son parfum, de sa voix, de la façon dont elle me tenait dans ses bras. Mais non. Il n'y a rien. Juste un vide, un trou noir, une absence là où elle devrait être.

Je me lève, la recette toujours en main, et je vais dans la cuisine. Je prends une pomme de terre, une carotte, une courgette. Je les épluche, les coupe en petits morceaux, comme elle l'a écrit. Je fais chauffer l'eau, ajoute l'huile d'olive. Je remue, lentement, puis je broie tout comme si elle était là, à côté de moi, à me guider. La cuisine se remplit d'une odeur chaude, réconfortante. Une odeur qui me rappelle quelque chose que je n'ai jamais vraiment connu.

Quand la soupe est prête, je la goûte. C'est simple, doux, apaisant. Je ferme les yeux et je laisse les larmes couler. Ce n'est pas juste une soupe. C'est un morceau d'elle, un morceau de nous. Un lien qui n'a jamais vraiment été rompu, même après toutes ces années.

Je m'assois à la table, le bol entre les mains, et je pense à elle. À tout ce qu'elle a manqué, à tout ce que j'ai manqué. Mais aussi à cette recette, ce petit bout de papier qui me rappelle qu'elle a existé, qu'elle m'a aimée, qu'elle a pris soin de moi, même si c'était pour un temps trop court.

Je finis la soupe, lentement, en savourant chaque bouchée. Et pour la première fois depuis longtemps, je me sens proche d'elle. Pas dans les souvenirs, mais dans ce moment, dans cette cuisine, avec cette recette qui a traversé le temps pour me rappeler qu'elle sera toujours là, quelque part, dans mon cœur.

Recette de la soupe

Un bol qui me témoigne l'amour de ma mère décédée.

Mes vacances à Agadir

Cette année-là, j'allais avoir douze ans. Pour la première fois, je ne passais pas mes vacances d'été avec mes grands-parents en Bretagne. À la place, j'étais à Agadir avec mon père et ma belle-mère. Une ville de plage et de soleil, exactement ce dont ma famille avait besoin après un hiver qui s'était éternisé. Agadir, c'était aussi le Souk El Had, un marché traditionnel où j'aimais me perdre avec mon père. On y passait des heures, à errer entre des étals débordant de fruits et légumes, à explorer les allées interminables de ses trois mille boutiques, à admirer les bijoux qui scintillaient et les poteries faites à la main. J'adorais l'odeur des épices, le fumet des tajines qui mijotaient doucement, la fraîcheur du thé à la menthe, et les pâtisseries marocaines comme les cornes de gazelle ou les msemens. Pour le salé, il y avait les olives, les fromages locaux, et l'huile d'argan, aussi précieuse en cuisine que pour la peau.

Ce jour-là, en début d'après-midi, le départ de la maison a été un peu tendu. Mon père avait prévu une sortie pêche avec mes trois oncles. Au début, il ne voulait pas que je vienne. Trop jeune, trop risqué, disait-il. Mais j'ai insisté, pleuré même, et ma grand-mère a pris mon parti. Elle a toujours été mon soutien, ma voix quand je n'osais pas parler. Finalement, mon père a cédé.

Le port était vivant, bruyant, rempli de pêcheurs et de bateaux. Des barques en bois, des chalutiers rouillés, des quais où les poissons étaient déchargés et vendus à la criée. L'odeur de la mer se mêlait à celle du poisson frais et des déchets qui pourrissaient dans les bennes.

Un vieux pêcheur nous a accueillis avec de grandes accolades, comme si nous étions de vieux amis. Sa barque était petite, fragile même. Dès que nous avons pris le large, le bateau a commencé à tanguer. Mon père et deux de mes oncles ont vite perdu leurs couleurs. Ils essayaient de se tenir, de s'adapter, mais la houle était trop forte. Ils se déplaçaient trop vite, cherchant désespérément un endroit pour

se soulager. Chaque mouvement les faisait vomir par-dessus bord. Ma belle-mère et moi, on riait, malgré nous. L'un de mes oncles était tellement malade qu'il réclamait un secours aérien, prêt à payer n'importe quel prix pour quitter ce bateau.

Pendant ce temps, les cannes à pêche étaient lancées. Les calamars, attirés par la lumière, mordaient à la turlutte. Le seau se remplissait peu à peu : calamars, maquereaux, même une daurade. Le vieux pêcheur ouvrait de temps en temps son tagine, qui mijotait au fond de la barque, répandant une odeur qui contrastait avec celle de la mer et du mal de mer.

La journée s'est terminée autour d'un riz à la tomate, préparé par mon père avec notre pêche du jour. Ma grand-mère avait fait un barbecue de poisson frais et une grande salade marocaine. On mangeait tous ensemble, racontant les moments drôles et embarrassants de la journée.

Malgré les nausées, j'étais heureuse. J'avais vécu quelque chose d'unique, une expérience que peu de gens de mon âge peuvent connaître. C'était grâce à ma grand-mère, à sa ténacité, et à cette barque de fortune qui avait bravé les caprices de la mer. Ce jour-là, à Agadir, j'ai compris que les meilleurs souvenirs naissent souvent des moments les plus improbables.

Comment mon père a appris à cuisiner avec le cœur

Arrivé en France, le bac en poche mais la tête pleine de préjugés, il croyait savoir beaucoup de choses. Parmi elles, cette idée bien ancrée que la cuisine était l'affaire des femmes, un domaine où il n'avait pas sa place. C'était avant de rencontrer sa belle-mère et donc ma grand-mère, une Bretonne au caractère réservé, presque timide, qui ne laissait transparaître que peu d'émotions. Il la voyait comme une femme distante, qui le tolérait par amour pour sa fille, sans plus. Jusqu'au jour où tout a changé.

Un après-midi, alors qu'il traînait dans la cuisine, elle lui a tendu un couteau et un oignon.

« Émince-le », a-t-elle simplement dit.

Il l'a fait, maladroitement, sous son regard attentif. Puis elle lui a montré comment faire fondre du beurre dans une poêle, comment y faire revenir les oignons jusqu'à ce qu'ils deviennent translucides, comment ajouter les pommes de terre en les disposant soigneusement. Elle ne parlait pas beaucoup, mais ses gestes étaient précis, presque chorégraphiés.

Au fil de ses week-ends à Pordic, ces moments passés en cuisine avec ma grand-mère sont devenus une habitude, un rituel qu'il partageait avec ma mère Catherine lorsqu'ils se rendaient chez Mémé. Elle lui a appris à préparer des crêpes, à sentir quand la pâte avait la bonne consistance, à les retourner d'un geste sûr et fluide. Elle lui a montré comment cuisiner une blanquette de veau, en insistant sur l'importance de la sauce, longuement mijotée, qui devait être onctueuse et parfumée. Chaque recette était une leçon, chaque geste une transmission silencieuse, presque intuitive.

Ces moments, bien que brefs, ont laissé une empreinte profonde

chez mon père. Ils lui ont appris que la cuisine est un langage universel, une façon de créer du lien, de partager et de transmettre. Et à travers ces week-ends, Mémé est devenue bien plus qu'une belle-mère à ses yeux. Elle est devenue une guide, une enseignante, une alliée.

Un soir, alors qu'il préparait avec Mémé un gigot d'agneau, elle lui a parlé de sa mère, qui lui avait appris à cuisiner.

« La cuisine, c'est comme une langue, a-t-elle dit. On peut en apprendre plusieurs, mais il faut toujours rester fidèle à celle qui nous a nourris. »

Ces mots l'ont frappé. Ils lui ont fait comprendre que la cuisine n'était pas qu'une affaire de technique, mais aussi de mémoire, de tradition, d'amour.

Peu à peu, mon père a abandonné ses préjugés. La cuisine est devenue une passion, un moyen de créer, de partager, de se connecter aux autres. Il a commencé à aimer cuisiner à cette époque et il a encore plus aimé quand il regardait sa femme Catherine et donc ma mère, préparer leurs plats du soir. Catherine disait que l'assaisonnement des aliments est synonyme d'amour. Chaque fois qu'elle était en cuisine, elle sifflait et fredonnait une chanson d'Otis Redding ou des Moody Blues. Elle avait réussi, elle aussi, à lui transmettre cette émotion, en faisant tout avec beaucoup de soin et d'amour. La cuisine était toujours joyeuse en sa compagnie selon mon père.

Ces moments passés avec Mémé et Catherine ont réveillé chez mon père des souvenirs enfouis, ceux de la cuisine de sa mère à Marrakech. Les gestes particuliers de ma mère Catherine, si différents et pourtant si familiers, l'ont ramené à ces matins où sa mère, Lala, ma grand-mère, préparait le couscous, roulant la semoule entre ses paumes avec une précision et une patience qui me fascinaient. L'odeur du beurre fondant dans la poêle de ma mère, Catherine lui rappelait celle de l'huile d'olive chauffée doucement, dans laquelle sa mère, Lala, faisait revenir les légumes pour le tajine.

Ces souvenirs, longtemps restés en sommeil, ont resurgi avec une intensité inattendue. Ils lui ont rappelé que la cuisine est bien plus qu'un ensemble de techniques ou de recettes. C'est un lien, une mémoire, une façon de garder vivants ceux que l'on aime, même lorsqu'ils sont loin.

Aujourd'hui, mon père m'a confié que quand il cuisine, il porte en lui ces trois femmes, si différentes et pourtant si semblables. Elles lui ont appris que la cuisine est un langage universel, une façon de dire « je t'aime » sans prononcer un mot. Et à travers leurs gestes, leurs odeurs, leurs silences, elles lui ont transmis un héritage précieux, fait d'amour, de tradition et de partage.

Les escargots de Marrakech

Je me souviens de ces matins à Marrakech, quand mon père m'emmenait acheter des escargots sur la place de Rahba. Le soleil réchauffait déjà les ruelles étroites de la médina, mais l'air était frais. Mon père marchait d'un pas décidé, sa main ferme dans la mienne, tandis que je trottinais à ses côtés, curieuse et excitée à l'idée de cette sortie.

Sur la place, le vendeur d'escargots nous attendait, ses paniers en osier alignés devant lui, remplis de coquilles brunes et beiges qui semblaient dormir. Mon père s'approchait, saluait l'homme d'un hochement de tête, et commençait à discuter avec lui. Le vendeur, un homme au visage buriné par le soleil, expliquait avec fierté la production des escargots au Maroc.

« Le Maroc, disait-il, est l'un des premiers exportateurs d'escargots dans la région. Notre climat est idéal pour eux, bien plus que celui de l'Europe. Ici, ils se reproduisent deux fois par an, alors qu'ailleurs, le froid les ralentit. »

Il parlait des différentes variétés, comme le Gros-gris et le Petit-gris, et expliquait comment les escargots étaient collectés dans la nature, puis soigneusement lavés et préparés.

« Ils mangent du trèfle et du colza, mais pour qu'ils grandissent vite, on leur donne aussi du maïs, du blé et du calcium. En six mois, ils sont prêts, alors que dans la nature, il leur faudrait deux ans. »

Mon père écoutait attentivement, posant des questions sur les soins à apporter, sur la manière de les nourrir, sur les astuces pour les garder en bonne santé. Le vendeur souriait, heureux de partager son savoir.

« Il faut les arroser chaque soir, disait-il. Ils dorment le jour, dans leur coquille, et se réveillent la nuit. C'est là qu'ils sont les plus actifs. »

Je regardais les escargots, fascinée par leur lenteur, par leurs coquilles qui semblaient si fragiles et pourtant si solides. Mon père en

Souk de Marrakech

choisissait quelques-uns, les examinant avec soin avant de les mettre dans un sac. Le vendeur lui donnait des conseils pour les cuisiner, lui parlant des recettes traditionnelles, des épices à utiliser, du temps de cuisson.

En rentrant, mon père me parlait de ces escargots, de l'importance qu'ils avaient dans notre cuisine, de la façon dont ils étaient appréciés dans le monde entier.

« Ils ne sont pas juste une nourriture, disait-il. Ils font partie de notre culture, de notre terre. »

Ces moments, simples et pourtant si riches, restent gravés dans ma mémoire. Ils m'ont appris à voir au-delà des apparences, à comprendre la valeur des choses, à apprécier les traditions qui nous relient à notre passé. Et chaque fois que je pense à ces matins sur la place de Rahba, je revois mon père, son visage sérieux, ses mains expertes, et je me souviens de la leçon qu'il m'a donnée ce jour-là : que même les plus petites choses peuvent avoir une grande importance, si on prend le temps de les regarder avec attention.

Les escargots à la bourguignonne, une recette que mon père tient de ma mère

Ce week-end, mon père prépare des escargots à la bourguignonne pour ses amis brésiliens. Une recette qu'il tient de ma mère, qu'elle préparait en France avant son décès. Je l'observe, les mains plongées dans un seau d'escargots, concentré, presque solennel.

Il commence par saupoudrer les escargots de son, puis couvre le seau, laissant une petite ouverture pour qu'ils respirent.

« Ils doivent passer la nuit là-dedans, me dit-il. Demain, le son aura presque disparu. Ils l'auront mangé, et ça les nettoiera de l'intérieur. »

Sa voix est calme, mais je sens une pointe de fierté dans ses gestes.

Le lendemain, il les lave sept fois. À chaque lavage, il frotte les coquilles entre ses mains, change l'eau, ajoute du sel et du vinaigre pour la dernière étape.

« Il faut être patient, Maria, me dit-il. La propreté, c'est la base. »

Je le regarde retirer un escargot mort, recroquevillé au fond de sa coquille, avec une précision chirurgicale.

Une fois les escargots prêts, il passe à la préparation de la recette. Il épluche les échalotes, l'ail, hache le persil, coupe le fenouil et le céleri en morceaux. Le beurre, ramolli à température ambiante, est malaxé dans un bol. Il y ajoute l'ail, l'échalote, le persil, puis assaisonne avec de la fleur de sel et du poivre. Ses mains travaillent la mixture jusqu'à ce qu'elle soit homogène, presque parfaite.

Pendant ce temps, une casserole d'eau et de vin blanc chauffe sur le feu, avec du thym et une feuille de laurier. Quand le bouillon bout, il y plonge les escargots, puis éteint le feu.

« Ils doivent infuser, me dit-il. Ça leur donne du goût. »

Il préchauffe le four à 200°C, puis baisse la température à 180°C avant d'y glisser les coquilles remplies d'escargots et de beurre assaisonné.

« Cinq à dix minutes, pas plus, me prévient-il. Il faut que le beurre mousse, mais qu'il ne brûle pas. »

Quand il sort les escargots du four, l'odeur est envoûtante. Le beurre bouillonne encore, et les coquilles semblent presque vivantes, prêtes à être dévorées. Mon père les dispose sur un lit de gros sel pour qu'elles ne bougent pas, puis les sert à ses amis brésiliens, qui les dégustent avec des yeux émerveillés.

Je regarde mon père, fier de son travail, et je pense à ma mère. Elle est là, dans chaque geste, dans chaque saveur. Cette recette, c'est un peu d'elle, transmis à travers lui, et maintenant à travers moi.

Ce soir, autour de la table, il n'y a pas que des escargots. Il y a des souvenirs, de l'amour, et une tradition qui continue de vivre, malgré tout.

Les ingrédients pour 50 escargots à la bourguignonne :

50 escargots de Bourgogne cuits (gras ou extra gras)
2 échalotes
4 gousses d'ail
1 bouquet de persil
½ fenouil
1 branche de céleri
250 g de beurre demi-sel mou
fleur de sel (au goût)
Poivre du moulin (au goût)
Thym (au goût)
1 feuille de laurier
2 l d'eau
500 ml de vin blanc sec
50 coquilles d'escargots vides

Temps de préparation :

Nettoyage des escargots : 1 nuit (repos dans le son) + 1 h (lavage et rinçage)

Préparation des ingrédients : 20 min

Préparation du beurre assaisonné : 10 min

Cuisson des escargots dans le bouillon : 10 min (infusion)

Montage des escargots dans les coquilles : 15 min

Cuisson au four : 10 min

Temps total :

Préparation totale : 1h45 min (sans compter le temps de repos dans le son)

Cuisson totale : 20 min

 Conseils et astuces :

Pour une présentation élégante, disposez les coquilles sur un lit de gros sel avant de les enfourner. Cela les stabilise et ajoute une touche esthétique à votre plat.

Bon appétit !

Le riz à la tomate, un plat familial, revisité par mon père

Je me souviens des soirs où mon père préparait son riz à la tomate, une recette qu'il tenait de ma mère, Catherine. Elle lui avait appris à la cuisiner pendant leurs années d'études au Mans, quand ils vivaient à la cité universitaire. Cette recette, simple et réconfortante, était devenue une tradition familiale, revisitée par mon père avec des touches marocaines qui lui donnaient une saveur unique.

Ce soir-là, je l'observais dans la cuisine, les mains plongées dans les ingrédients, concentré et méthodique. Il commençait par émincer un gros oignon et cinq gousses d'ail, les faisant revenir dans une cocotte avec trois cuillères à soupe d'huile d'olive et une cuillère à café de smen. L'odeur du beurre rance se mêlait à celle de l'ail et de l'oignon, créant une base aromatique qui remplissait la pièce.

Il ajoutait ensuite les tomates concassées, puis les épices : une pincée de sel, du poivre fraîchement moulu, du gingembre, un petit piment rouge fort, du curcuma, du paprika doux, et une dosette de safran. Les herbes fraîches suivaient : coriandre, persil, menthe sauvage, et une feuille de laurier. Il remuait le tout avec soin, laissant mijoter la sauce à feu doux pendant vingt minutes.

Pendant ce temps, il mesurait cinq cents grammes de riz bomba, qu'il ajoutait à la cocotte une fois la sauce prête. Il mélangeait le riz avec la sauce tomate, puis versait de l'eau chaude jusqu'à couvrir généreusement le tout.

« Cinq minutes à feu vif, puis quinze à feu doux », me disait-il, comme s'il récitait une formule magique.

Je regardais la cocotte, écoutant le riz crépiter doucement, sentant les arômes se mêler et s'intensifier. Mon père vérifiait la cuisson, goûtant un grain de riz pour s'assurer qu'il était parfait.

« Si tu l'aimes plus cuit, tu peux le laisser reposer couvert hors du feu », m'expliquait-il, toujours patient, toujours précis.

Quand le riz était prêt, il le servait dans un grand plat, saupoudré de persil frais et accompagné de brochettes de viande hachée ou de côtelettes d'agneau. Parfois, il l'offrait tel quel, en entrée, laissant les saveurs parler d'elles-mêmes.

Ce riz à la tomate, c'était un lien entre le passé et le présent, entre la France et le Maroc, entre ma mère et mon père. Chaque bouchée m'évoquait leurs années d'étudiants, leurs rires dans une petite cuisine collective, leurs rêves et leurs sacrifices.

Aujourd'hui, quand je prépare cette recette, je pense à eux. Je pense à mon père, debout devant la cocotte, ajoutant des épices marocaines à une recette française. Je pense à ma mère, dont la présence est encore palpable dans chaque geste, chaque saveur. Et je me dis que, malgré tout, ils sont toujours là, à travers ce riz simple et pourtant si riche en souvenirs.

Les ingrédients pour 6 personnes :

500 g de riz bomba
1 gros oignon
5 gousses d'ail
3 c. à soupe d'huile d'olive
1 c. à café de smen (beurre rance)
½ botte de persil plat
½ botte de coriandre fraîche
1 dosette de safran
1 c. à café de curcuma
1 petit piment rouge fort
1 c. à café de paprika doux
3 feuilles de menthe sauvage
Sel (au goût)
½ c. à café de poivre fraîchement moulu

½ c. à café de gingembre
500 g de tomates concassées
1 feuille de laurier
Eau chaude (quantité nécessaire pour couvrir le riz)

 Conseils et astuces :

Servez avec des brochettes de viande ou du poisson grillé pour un repas complet.

Bon appétit !

Le marché de gros des fruits et légumes de Marrakech

Ce matin-là, l'air était encore frais et le ciel hésitait entre nuit et jour alors que j'accompagnais mon père au Marché de Gros des Fruits et Légumes de Marrakech. Dès notre arrivée, une odeur intense, mêlée de fruits mûrs et d'herbes fraîchement coupées, m'enveloppa doucement. Le marché bruissait déjà d'une activité discrète mais énergique. Les tomates étaient merveilleuses et les fruits, comme la pastèque, les abricots et le melon semblaient l'incarnation de la douceur. Je suivais mon père de près, fascinée par la manière dont il saluait d'un signe de tête ou d'une poignée de main familière les paysans et les grossistes qu'il connaissait depuis longtemps.

Je regardais attentivement chaque geste qu'il faisait, chaque mot qu'il prononçait. Sa voix portait, calme et assurée, au-dessus des caisses empilées, débordant de couleurs et de promesses : oranges lumineuses, tomates rouges flamboyantes, poivrons verts luisants et citrons d'un jaune si vif qu'ils semblaient éclairer le marché. Mon père touchait délicatement les fruits et légumes, en évaluait la fraîcheur d'un simple regard, d'un bref effleurement du bout des doigts. Pour moi, il était possible de connaître et de déguster différents fruits.

C'était un art, une danse presque, que de négocier les prix. Mon père parlait avec une assurance tranquille, parfois ferme mais toujours respectueuse. Je percevais la subtilité de ses échanges, la manière dont il savait exactement à quel moment sourire, quand faire mine d'hésiter, comment exprimer une légère déception pour obtenir le meilleur prix possible.

Parmi les vendeurs du marché, se trouvaient des producteurs ruraux qui préféraient vendre directement au consommateur. Cette pratique était principalement adoptée par les agriculteurs familiaux, qui

Le marché au gros de Marrakech.

augmentaient ainsi leurs marges sans l'intervention d'intermédiaires. Les paysans en djellabas, proposant les produits qu'ils cultivaient eux-mêmes, ajoutaient une touche particulière à l'ambiance du marché.

Quand mon père me parlait des revendeurs ambulants de Marrakech, une profonde admiration s'emparait de moi. J'imaginais leur quotidien, rythmé par des efforts invisibles et une obstination silencieuse. Ces hommes, si essentiels mais si discrets, qui parcouraient chaque jour les ruelles animées, portaient bien plus que des fruits ou des légumes. Ils portaient l'âme même de la région de Haouz, l'amour des mains qui cultivent, et l'espoir tenace d'une vie meilleure. Je ressentais alors une forme de reconnaissance douce, presque pudique, envers ces visages inconnus mais familiers, qui donnaient sens à notre vie quotidienne, en nourrissant les familles de la ville avec tant de générosité et de courage.

Ce que j'aimais par-dessus tout dans ce marché, c'était cette habitude si particulière que j'observais avec curiosité : trois ou quatre personnes s'unissaient pour acheter ensemble une caisse entière de légumes ou de fruits. Une fois leur choix fait, ils partageaient immédiatement leur achat. Cette solidarité silencieuse m'émerveillait. Mon père participait souvent à ces regroupements. Je sentais dans ces moments-là un profond sentiment d'appartenance à une communauté, un lien discret mais puissant entre ces hommes et ces femmes venus de tous horizons.

Je me souviens avoir levé les yeux vers mon père tandis qu'il soulevait une caisse de pommes brillantes. Il souriait légèrement, satisfait de son achat, puis se tourna vers moi et murmura, en posant une main affectueuse sur mon épaule :

« Tu vois, Maria, c'est ainsi qu'on apprend à connaître les gens, par ce qu'ils produisent, par ce qu'ils vendent, par ce qu'ils partagent. »

Je regardais autour de moi, absorbant chaque détail : les visages concentrés des vendeurs, les gestes rapides des acheteurs, l'animation discrète et constante du marché. Je comprenais que ce lieu n'était pas seulement un espace d'échange économique, mais aussi un lieu vivant, vibrant d'humanité, où les liens tissés dépassaient largement les simples transactions.

En repartant ce jour-là, je me sentais grandie, porteuse d'une sagesse silencieuse, héritée d'un père qui savait mieux que personne que négocier, choisir, et partager ne sont finalement que les expressions d'une même vérité essentielle : vivre ensemble, c'est d'abord savoir se rencontrer.

L'héritage culinaire de mon père : Saveurs et mémoires du Maroc

La cuisine marocaine que mon père pratique est un héritage conservé au fil des générations. Les recettes qu'il prépare aujourd'hui sont celles qui ont traversé les âges, marquant les moments heureux comme les périodes difficiles de notre histoire familiale. Cet héritage porte en lui la richesse culturelle d'un pays où les influences amazighes, arabes, juives, mauresques et subsahariennes s'entremêlent naturellement. Ces plats racontent l'histoire d'un peuple et de ses rencontres multiples, rappelant ainsi les visages et les voix de ceux qui les ont précédés.

Lorsque mon père cuisine, il parle peu, mais ses gestes disent tout. Il sélectionne soigneusement chaque ingrédient, attentif à leur fraîcheur et à leur origine naturelle. L'usage subtil d'épices et d'herbes médicinales devient dans ses mains une forme discrète de soin, une manière douce d'entretenir notre santé physique et mentale. Chaque repas devient alors un moment de plaisir et de bien-être, un équilibre parfait entre saveurs délicieuses et vertus thérapeutiques.

Il y a longtemps, les recettes de nos grands-mères étaient préparées avec des produits simples, naturels, sans chimie, sans artifices. Mon père reste fidèle à cette philosophie, préférant des aliments de saison, des épices authentiques et des plantes cueillies avec soin. J'observe souvent comment, sans même s'en rendre compte, ceux qui partagent ses repas retrouvent des sensations oubliées, une vitalité apaisée, un sentiment profond d'harmonie intérieure.

Parmi les recettes traditionnelles qu'il affectionne particulièrement figurent les tajines lentement mijotés, les couscous parfumés aux herbes fraîches, et les soupes légères préparées avec des légumes du jardin. Je le vois parfois consulter les livres de chercheurs passionnés comme Jamal Bellakhdar ou Habib Samrakandi, échanger avec des herboristes expérimentés ou écouter attentivement les conseils d'anciennes cuisinières du quartier. Il collecte ces savoirs avec respect, conscient qu'ils sont une part essentielle de notre identité.

Depuis plusieurs années, il consacre une grande partie de son temps à l'écriture d'un livre qui lui tient à cœur : *La cuisine juive marocaine*. Une encyclopédie de connaissances et d'érudition, un recueil de plus de 350 recettes, issues de toutes les régions du Maroc, traversant plus de 2 000 ans de présence juive sur ces terres. Il ne se contente pas d'archiver des recettes, il restitue des récits, des traditions, des histoires de familles dispersées, mais toujours liées par la mémoire des saveurs. Il fouille les archives, interroge les derniers gardiens de ces savoirs, note avec minutie les gestes précis, les temps de cuisson, les proportions, tout ce qui donne à un plat sa véritable identité.

Il m'en parle souvent, le regard brillant d'une passion discrète mais inébranlable. Il veut que ce livre soit un pont entre les générations, une manière de préserver ce qui pourrait disparaître, une offrande aux mémoires oubliées. En l'écoutant, je comprends que ce n'est pas seulement un livre de cuisine, mais un témoignage, une manière de donner une voix à ceux qui, au fil du temps, ont fait de cette cuisine un refuge, une célébration, un héritage vivant.

Pour mon père, cuisiner n'est jamais seulement préparer un repas. C'est préserver la mémoire de ceux qui l'ont précédé, entretenir un lien invisible avec des générations disparues, transmettre à son tour un héritage précieux à ceux qui viendront après lui. En écrivant ce livre, il m'offre ce qu'il a de plus précieux : une manière d'être au monde, une façon d'aimer et de prendre soin, une histoire vivante qui nourrit bien plus que le corps.

La cuisine juive marocaine

Le goût de Fibi, la main de mon père

Ce matin-là, mon père avait dit :

« On y va tôt, sinon Charaf n'aura plus rien. »

J'avais acquiescé, sans poser de questions. Chez mon oncle Charaf, l'odeur du poisson vous saisissait avant même d'avoir franchi le rideau de plastique transparent qui battait doucement au vent. À l'intérieur, la lumière était crue. Le carrelage, bleu et blanc, rappelait les cuisines d'un autre temps. Mon oncle nous salua d'un geste large, son tablier déjà humide et ses mains pleines de glace. Mon père lui répondit d'un sourire bref, celui qu'il réservait aux hommes qu'il respectait sans trop de mots.

Je restai près des caisses, observant les daurades, les merlans, les sardines bien rangées. Tout brillait. C'était étrange de voir autant de silence dans tant de mouvement. Les poissons ne bougeaient plus, mais le regard de mon père allait vite, précis, comme s'il cherchait quelque chose d'exact et qu'il ne voulait pas se tromper.

« Celle-là, dit-il à mon oncle en désignant une daurade. Une assez charnue et grosse. Pas molle. Une fraîche. »

Charaf hocha la tête, prit la bête d'un geste sûr. Il la posa sur le billot, la regarda un instant, puis leva les yeux vers mon père.

« Tu la veux entière ou en morceaux ?

— Tu la prépares, tu retires la queue et les nageoires. Coupe-la en plusieurs morceaux, répondit mon père. Je n'ai pas envie qu'elle souffre entre mes mains. »

Je crus voir Charaf sourire, mais il ne dit rien. Il se mit à l'ouvrage. Les écailles volaient en silence. Mon père, lui, ne détournait pas les yeux. Il regardait le geste du poissonnier comme on regarde le passage d'un souvenir.

Je pensai à ma grand-mère. À ce plat qu'elle préparait avec la daurade, les carottes, les olives, le citron. Elle disait que c'était un plat de son amie juive, qui redonnait envie de parler.

Mon père régla l'addition, serra la main de Charaf. Il glissa le paquet dans son sac en toile, puis se tourna vers moi.

« On rentre ? »

J'ai hoché la tête. Il n'y avait rien d'autre à dire.

On a repris le chemin en sens inverse. Je savais qu'il allait cuisiner lui-même ce midi, qu'il couperait les légumes lentement, qu'il poserait le poisson sur le lit de carottes avec soin. Il ne dirait rien, ou presque rien. Mais je comprendrais. Comme toujours.

Autant que je me souvienne, à la maison, à Marrakech, seul mon père préparait la daurade ou le loup de mer. Il passait des après-midi entières à bricoler dans la cuisine, se contentant de la plus simple gratitude. Difficile d'imaginer combien de poissons sont passés entre ses mains. Il les cuisait au four, les grillait sur le barbecue ou les pochait délicatement. Parfois, il farcissait la cavité d'un mélange d'herbes fraîches, de citrons confits, de légumes finement hachés, de petites crevettes, ou d'autres trésors selon son inspiration.

Et c'est ainsi que j'ai appris à connaître et à aimer ce merveilleux plat dès mon plus jeune âge. Un plat qui, pourtant, ne m'aurait pas ouvert les portes des tables juives. Car mon père tient cette recette de ma grand-mère, qui la tenait de son amie juive, Madame Fibi. Leurs deux riads étaient côte à côte, reliés par un saba, petit passage suspendu entre les deux maisons.

Daurade grise aux légumes

Ingrédients :

(pour une grosse daurade, 4 à 6 pers.)
1 grosse daurade bien fraîche
4 carottes tendres
3 tomates mûres
2 poivrons (1 rouge, 1 vert)
1 oignon moyen
2 poignées d'olives vertes douces dénoyautées
2 gousses d'ail
1 c. à soupe de curcuma
½ c. à café de poivre noir moulu
Sel (sel casher ou sel de mer)
4 c. à soupe d'huile d'olive
1 citron (jus + un peu de zeste)
6 brins de persil plat
6 brins de coriandre fraîche

Temps de préparation :
20 min

Temps de cuisson :
40 à 45 min

Étapes :

1. Préparer le poisson :

Si votre poissonnier n'a pas préparé la daurade, bien la nettoyer, l'écailler, la vider, retirer la queue et les nageoires.

Couper la daurade en plusieurs morceaux et saler légèrement. Laisser reposer dans un endroit frais.

2. Préparer et cuire les légumes :

Dans une grande marmite, faire revenir dans un peu d'huile l'oignon émincé.

Ajouter les carottes (grattées, lavées, coupées en longs quartiers), les poivrons coupés en lanières, les tomates en quartiers, et les gousses d'ail écrasées. Laisser les légumes suer quelques min.

Ajouter de l'eau pour couvrir à peine les légumes.

Ajouter le curcuma, le poivre, un peu de sel, et l'huile d'olive. Laisser bouillir doucement, puis baisser le feu.

3. Poursuivre la cuisson :

Quand les carottes sont tendres (compter environ 25 min), rincer rapidement les morceaux de daurade à l'eau froide et les ajouter aux légumes.

Laisser cuire encore 15 min environ à petit feu.

Ajouter ensuite les olives, le jus de citron, un peu de zeste râpé, la coriandre et le persil finement hachés.

Ajuster l'assaisonnement si nécessaire.

Laisser réduire un peu la sauce. Le plat doit être bien nappé, pas noyé.

Comme ma grand-mère disait : « Voilà, ma fille. Sers ce plat avec du pain chaud ou de la semoule fine. Mets-le au centre de la table, et regarde bien ceux qui mangent. Tu verras : leurs visages te diront si tu as réussi. Et si tu as mis un peu de ton amour dedans, tu ne peux pas rater. »

Bon appétit !

Usages et croyances populaires :

La daurade porte chance : *Dans les familles juives du nord du Maroc, on disait que le poisson rond, surtout avec des écailles brillantes, éloignait le mauvais œil. C'est pour cela qu'on ne la servait jamais écaillée complètement pour Shabbat ou lors d'un dîner important. L'éclat des écailles était perçu comme un bouclier contre l'envie.*

Les olives douces : *Elles symbolisent la paix dans la maison. On disait que si une femme mettait trop d'olives amères, c'est qu'elle gardait de la colère en elle. Alors attention à l'assaisonnement !*

Le citron, c'est la mémoire : *Ma grand-mère murmurait toujours, en ajoutant le jus de citron à la fin : « Pour qu'ils n'oublient pas ce qu'ils ont mangé, ni celle qui l'a préparé. »*

La cuisson longue : *Chez nous, on disait que « ce qui mijote doucement répare doucement ». Le plat prenait le temps de se faire, comme les relations entre les gens, avec patience, avec chaleur. On ne pressait ni les plats, ni les enfants, ni les cœurs.*

Avec mon père, chez le boucher

Le marché dégageait une odeur de coriandre fraîche, de cumin écrasé, de viande suspendue, laissant dans l'air une épaisseur familière. Mon père avançait d'un pas lent, habitué au labyrinthe des étals, à la salutation brève des marchands, aux regards entendus échangés sans mots inutiles.

Devant l'échoppe du boucher, il s'arrêta, balayant du regard la viande exposée. Des têtes de mouton alignées sur le comptoir, des morceaux de gras ruisselant accrochés aux crochets, le rouge des chairs éclatant sous l'éclairage cru. Le boucher, vêtu de blanc, les mains marquées par les années de découpe, leva les yeux vers mon père.

« Un bon jarret, bien tendre. Pour la tanjia. »

L'homme hocha la tête, essuya sa lame contre son tablier et plongea la main dans les quartiers suspendus derrière lui. Il palpa la viande avec la fermeté de celui qui connaît son métier, fit glisser ses doigts sur l'os, vérifiant la texture.

« Celui-là, regarde, murmura-t-il en le posant sur la balance. Ni trop gras, ni trop sec. Il fondra bien dans l'argile. »

Mon père inclina légèrement la tête. Son approbation se passait de mots. Le boucher enveloppa le morceau dans un papier épais, serra la ficelle d'un geste assuré et tendit le paquet. Mon père glissa l'argent dans la paume rugueuse.

À côté de lui, je regardais en silence. Ce n'était pas juste un achat. C'était un geste ancré dans une habitude ancienne, une manière de faire confiance au savoir de l'autre, une transaction qui valait pour plus que la viande elle-même. Ce jarret passerait la nuit dans la tanjia, enfoui sous les braises, le temps suffisant pour se défaire et s'imprégner des épices. Demain, il s'effilocherait sous la cuillère, et mon père regarderait ses invités savourer ce qu'il aurait préparé.

Boucherie à Marrakech

Chez le farnatchi

Nous quittâmes l'échoppe, le poids du paquet entre mes mains. Mon père, les yeux rivés devant lui, sourit à peine, mais je savais qu'il était satisfait. Ce soir, autour de la table, le plat parlerait pour lui.

Chez le farnatchi, le maître du four

Papa s'est levé bien avant l'aube. Le silence de la maison était à peine troublé par le cliquetis des ustensiles, par le bruissement des épices qu'il mesurait avec précision. Il n'avait pas besoin de suivre une recette écrite. Les gestes étaient anciens, transmis par l'usage, confirmés par l'habitude.

Sur la table, le jarret découpé en morceaux épais attendait. L'ail pelé roulait dans le creux de sa paume avant d'être jeté dans l'amphore en terre cuite. Le smen fondait lentement sous la chaleur de ses doigts. Le safran, le ras-el-hanout, le cumin tombaient en pluie mesurée, chaque pincée accordée à la mémoire du goût. Il versa l'eau, ajouta les citrons confits, puis scella l'ouverture avec du papier et du fil de fer.

Je l'observais, retenant mes questions. Ce n'était pas le moment de l'interrompre. Il noua le paquet, vérifia les attaches et, d'un geste assuré, souleva la tanjia. L'argile encore froide contre sa poitrine, il se redressa et me fit signe de le suivre.

Nous avons traversé les ruelles encore humides de la nuit. Le marché s'éveillait à peine, les premiers marchands déployaient leurs étals. À chaque coin, des visages familiers, des saluts brefs. Mon père me raconte :

« La légende dit qu'à Marrakech, il y a bien longtemps, un homme et une femme vivaient dans un foyer où les querelles avaient pris racine. Un jour, lassée des cris, la femme lui lança : "Tu hurles, mais sans moi, tu ne saurais même pas te nourrir !" L'homme, piqué au vif, refusa d'admettre sa dépendance. Il fouilla la cuisine, rassembla au hasard viandes et épices, les enfouit dans une jarre d'argile et scella l'ouverture. Incapable d'apprivoiser le feu domestique, il porta son fardeau jusqu'au farnatchi, le maître du four, qui l'enterra sous les cendres brûlantes. Le soir venu, en brisant le sceau, l'homme découvrit un plat lentement confit, gorgé d'épices et de patience. Il goûta, puis sourit. Ce jour-là, sans le vouloir, il avait créé la tanjia. »

Le farnatchi nous attendait dans l'ombre du hammam baldi. Il était assis près du foyer, le feu projetant sur ses traits des reflets tremblants. Son regard s'attarda sur la tanjia que mon père portait. Il ne posa pas de questions. Il savait.

Mon père tendit l'amphore. L'homme la prit, la fit tourner doucement entre ses mains, pesa son poids. Sans un mot, il la plaça au creux des cendres, là où la chaleur du four allait faire son œuvre.

« Au coucher du soleil », dit-il simplement.

Mon père acquiesça. Ce soir, la viande se détacherait sous la cuillère, imprégnée du goût du temps, du feu patient, de la veille silencieuse du farnatchi. Nous avons quitté le hammam sans nous presser. L'odeur du bois consumé s'accrochait à nos vêtements. L'attente commençait.

La tanjia marrakchia de mon père

Ingrédients :

(pour 3 kg de viande)

3 kg de jarret de bœuf ou d'agneau, coupé en morceaux

6 gousses d'ail, entières et légèrement écrasées

150 g de smen beldi (beurre fermenté marocain)

2 c. à soupe de coriandre en graines

4 c. à soupe de cumin moulu

½ c. à café de sel (ajuster selon le goût)

1 c. à café de safran pur en pistils, infusé dans un peu d'eau tiède

3 citrons confits, coupés en quartiers

3 verres d'eau (environ 600 ml)

1 bâton de cannelle (optionnel, selon la tradition familiale et votre goût)

Temps de préparation : 15 à 20 min

Temps de cuisson : 6 à 8 h

Étapes :

1. Préparer les ingrédients :

Déposer les morceaux de jarret dans la tanjia, une amphore en terre cuite.

Ajouter l'ail entier, le smen beldi, le cumin, coriandre en graines, le sel et le bâton de cannelle.

Verser l'infusion de safran pour parfumer et colorer la viande.

Ajouter les quartiers de citron confit pour une saveur légèrement acidulée.

Arroser de 3 verres d'eau pour permettre une cuisson lente et savoureuse.

2. Sceller et préparer pour la cuisson :

Mélanger délicatement pour bien enrober la viande d'épices.

Recouvrir l'ouverture de la tanjia avec du papier sulfurisé et ficeler solidement avec du fil de fer.

Percer quelques petits trous pour laisser s'échapper l'excès de vapeur.

3. Cuisson traditionnelle au four du hammam baldi :

Déposer la tanjia dans les braises chaudes du four du hammam, où la chaleur lente et continue permet une cuisson à l'étouffée.

Laisser cuire entre 6 à 8 h, en retournant l'amphore à mi-cuisson pour une répartition homogène de la chaleur.

4. Servir et déguster :

Après cuisson, ouvrir délicatement l'amphore. L'odeur des épices et de la viande confite se diffuse immédiatement.

Servir la viande tendre et fondante dans un plat creux, accompagnée de pain marocain chaud pour savourer le jus parfumé.

Conseils et astuces :

Pour une tanjia au goût encore plus authentique, laissez mariner la viande dans les épices une nuit entière avant la cuisson. Cela intensifiera les saveurs et rendra la viande encore plus tendre.

Épilogue

La voix tremblante des vivantes disparues

Je suis née d'une pluie bretonne et d'un soleil marocain. Ma vie est un livre de recettes où chaque page sent la résine des forêts de Brocéliande et le cumin des souks de Marrakech. Je commence cette conclusion comme on entrouvre un vieux placard dont les charnières grincent d'avoir trop retenu l'émotion. Un placard à épices, bien sûr. Celui que mon père conserve précieusement dans un coin de la cuisine, là où s'entassent les petits flacons en verre, les boîtes cabossées, les sachets froissés. Chaque fois que je l'ouvre, un vent se lève. Un vent d'autrefois. Il soulève des poussières de cannelle, embaume la pièce d'un parfum de fleur d'oranger, de cumin grillé, de beurre demi-sel oublié au fond d'un saladier. Et alors, sans prévenir, Mémé et Lala reviennent.

Mémé arrive toujours la première. Pratique, ponctuelle, efficace comme la Bretagne l'exige. Elle entre dans ma cuisine sans fracas, comme si elle n'était jamais vraiment partie. Elle pose son sac à main invisible près de la cafetière, retrousse ses manches imaginaires et, d'un regard trop bleu, inspecte mes ustensiles. Elle ne dit rien. Mais je la sens froncer les sourcils si le fouet est en plastique, si la crêpière accroche. Depuis sa petite taille mince, elle préfère l'ordre, les plats bien assaisonnés, le beurre fondu à feu doux et les silences pleins de sens.

Puis vient Lala. Elle ne marche pas, elle glisse. Elle est vêtue de ses éternels caftans — un pour le jour, un pour la prière, un pour les visites. Lala n'est jamais pressée. Elle arrive avec un tablier de coton brodé, les mains encore imprégnées de henné, et le regard profond des femmes qui ont trop aimé et trop pleuré. Elle ne regarde pas mes casseroles. Elle me regarde moi. Avec cet œil qui devine tout : si j'ai mal dormi, si j'ai pleuré hier soir, si j'ai ajouté trop de sel. Elle sourit sans dire un mot, et soudain je sais que je peux respirer.

Ces deux femmes que tout oppose — la langue, le climat, la cuisine, la guerre, les prières — se sont rencontrées et se sont admirées. Elles vivent toutes les deux dans ma cuisine. L'une prépare les crêpes, l'autre le thé à la menthe. L'une parle de beurre, l'autre de coriandre fraîche. Elles ne se disputent jamais. Elles veillent. Ensemble. Debout dans ma mémoire, assises dans mon cœur, présentes dans mes gestes.

Et moi, au centre de cette cuisine, je coupe les légumes avec des larmes dans les yeux. Non pas de tristesse. Non. De reconnaissance. Parce que je suis leur héritage vivant. Leur pâte à crêpes bien lisse, leur tajine fumant, leur amour infusé dans le bouillon et le sucré-salé. Parce que ces femmes, bien que l'une ait disparu et que l'autre soit lointaine, demeurent plus présentes que tant d'âmes croisées chaque jour. Parce qu'elles ont transmis l'essentiel : le goût du soin, du juste, du partage.

Parfois, quand Gabriel me regarde cuisiner, je me dis que c'est pour elles que je continue. Pour qu'elles sachent que leur voix, tremblante mais tenace, résonne encore entre les murs.

La mère silencieuse, la mère toujours là

Catherine.

Ma mère. Ce nom que je prononce du bout des lèvres, comme un sucre lentement fondu dans une tasse trop chaude. Ma mère, partie trop tôt. Trop jeune. Trop belle. Trop silencieuse. Elle n'a laissé ni lettres, ni vidéos, ni instructions pour la vie. Juste un souvenir parfumé de soupe chaude et une photographie légèrement floue où elle me tient contre elle, les yeux baissés, comme si elle savait déjà que le temps allait lui manquer.

La cuisine est la seule religion qui ne ment pas. Les crêpes de Catherine n'ont pas sauvé son corps, mais elles ont sauvé mon âme. Mais non, elle n'est pas absente. Non. Elle est infusée. Catherine, c'est cette odeur de citron qui surgit quand je prépare une blanquette de veau. Ce geste précis que je fais sans y penser, quand je verse la pâte à crêpes d'un seul mouvement circulaire, comme elle le faisait. Ce fredonnement à peine audible, Otis Redding ou Moody Blues, qui sort de ma gorge alors que je coupe des pommes en quartiers. Elle est là. Dans la cuisine. Dans les sons. Dans les silences.

Je n'ai pas de souvenirs nets d'elle. Seulement des sensations. La chaleur d'un foulard autour de mon cou. Le précieux coffret de cèdre contenant ses bijoux. Le bruit du fouet contre un bol en céramique. Sa voix, basse, murmurante, comme une brise dans une ruelle bretonne. Elle n'expliquait pas. Elle faisait. Elle n'imposait rien, elle incarnait. Et dans cette discrétion, elle m'a offert le plus grand des héritages : la tendresse.

Mon père me raconte parfois qu'elle dessinait des cœurs dans les soupes, qu'elle ajoutait toujours une pincée de cannelle dans les compotes « juste pour la douceur ». Il me dit qu'elle n'avait pas peur de mourir, mais seulement de ne pas m'avoir assez aimée. Moi, je crois qu'elle a mis tout son amour dans ces gestes anodins, dans chaque repas partagé, dans chaque sourire pendant la vaisselle.

Je me demande souvent si elle me voit, depuis là où elle est. Si elle me regarde lorsque je prépare le goûter de Gabriel, si elle sourit lorsque je crie parce que j'ai trop salé. Je ne sais pas. Mais parfois, en pleine nuit, quand je me lève pour boire un verre d'eau, je sens son parfum. Subtil. Évanescent. Comme une mère qui revient juste pour dire : « Je suis là. Continue. »

Alors je continue. Pour elle. Pour moi. Pour celles et ceux qui ne savent pas encore que les mères ne meurent jamais. Elles s'incarnent ailleurs. Dans le goût du citron. Dans la musique d'une chanson oubliée. Dans une crêpe retournée avec maladresse.

Catherine ne m'a pas légué un journal. Elle m'a légué une cuisine. Une manière d'aimer sans bruit, mais avec intensité. Et ce livre est mon offrande. À elle. À ses mains qui m'ont tenue. À ses recettes qui m'ont élevée. À son absence pleine de présence.

Mon père, ce veilleur de feu

Il est là, souvent debout devant les fourneaux, dos droit, regard baissé, dans cet état de concentration quasi mystique que seuls les vrais amoureux de la mémoire savent atteindre. Mon père ne cuisine pas, il veille. Il ne prépare pas, il prolonge. Il est devenu à la fois le gardien du foyer, le porteur du passé, et l'architecte d'un pont invisible entre les époques, entre les absents et les vivants.

Il ne parle jamais beaucoup. Ses phrases sont brèves, comme des clins d'œil silencieux à une douleur contenue. Mais chaque plat qu'il mijote est un chapitre entier, une confidence *qui se dit par la vapeur, une prière murmurée dans l'odeur du cumin grillé. Quand il découpe un oignon, c'est un adieu discret à sa propre belle-mère. Quand il verse un filet d'huile d'olive, c'est un hommage à sa grand-mère, une brune comme la cannelle, arrachée jadis au marché des esclaves de Marrakech, analphabète mais savante du cœur, qui mesurait l'amour au gramme près dans chaque plat.*

Depuis quelques mois, il a accompli ce qui lui tenait le plus à cœur : écrire Brodeurs de destins, de Séville à Marrakech. *Ce n'est pas un simple livre, mais un récit-pont entre deux rives, un chant d'amour tissé de mémoire, de recettes et d'exils. Il y raconte comment l'Andalousie, arrachée au monde arabo-musulman, a continué de vivre dans les gestes quotidiens, dans les cuisines marocaines, dans les fêtes et les silences. Il y mêle l'histoire des Morisques, des Juifs, des sages oubliés, et celle des plats transmis de génération en génération : les couscous parfumés d'herbes, les pastillas ourlées d'amandes, les soupes nées du frugal et du sacré.*

Aujourd'hui, il écrit son grand œuvre : un livre sur la cuisine juive marocaine. Ce n'est pas un recueil de recettes, c'est un mausolée d'émotions. Il le remplit de notations obsessionnelles, de témoignages glanés auprès de vieilles femmes aux yeux sablonneux, de recettes qui datent d'avant l'exil. Il note tout : les minutes, les gestes, les silences, les odeurs. Parce qu'il sait, mon père, que ce savoir disparaît. Et il veut que ce feu-là, ce feu si fragile, ne s'éteigne jamais.

Je l'observe parfois trier les épices dans des sachets en papier, les humer une à une comme s'il pouvait retrouver le timbre d'une voix disparue. Il ferme les yeux, incline la tête, puis il range, en silence, comme on range une photo trop précieuse. Il connaît l'histoire de chaque plat. Mais il ne me la raconte pas. Il me la donne à goûter.

Un jour, alors que nous préparions ensemble un poulet aux olives, il s'est arrêté net. Il m'a regardée, d'un regard presque solennel, et m'a dit simplement :

« Voilà d'où tu viens. »

Rien d'autre. Juste ça. Et moi, j'ai compris. Que dans ce plat, il y avait toutes nos douleurs, tous nos départs, toutes nos fidélités. Et tout notre amour aussi. Ce jour-là, mon père m'a transmis un royaume entier, dans une cuillère en bois.

Mémé et les tempêtes cousues main

Mémé, c'était la mer du Nord dans une robe à fleurs. Une femme aux mains tavelées, qui avait cousu sa vie comme on recoud une voile déchirée. Je crois que Mémé n'a jamais haussé la voix. Elle n'en avait pas besoin. Sa présence suffisait. Elle savait tout faire. Coudre, jardiner, réparer, consoler, doser. Et surtout, cuisiner comme on borde un enfant malade. Avec lenteur, avec humilité, avec cette infinie délicatesse que seules les femmes brisées savent offrir.

Elle avait traversé la guerre. Attendu Pépé qui, parti marin, avait disparu derrière les brumes de l'histoire. Elle avait connu les silences trop longs. Mais jamais, jamais elle ne s'est plainte. À la place, elle faisait des œufs mimosa. Sa façon à elle de ne pas crier. Chaque œuf était parfait, comme si en les épluchant, elle enlevait à la vie ses douleurs.

Je la revois, dans sa cuisine bretonne, le regard bleu fixe, le tablier impeccable, le torchon roulé à la ceinture comme un sabre de paix. Elle pétrissait une pâte en chantonnant très bas, un air qui parlait d'un pays où l'on sait que la pluie finit toujours par tomber. Elle ne parlait pas beaucoup d'amour, Mémé. Elle le servait, chaud, dans une soupière.

Sa blanquette de veau avait le goût des adieux qu'on n'ose jamais faire. Ses galettes de sarrasin, la texture rugueuse d'une enfance protégée contre vents et marées. Et ses crêpes... Oh ses crêpes... Elles étaient plus qu'un dessert, elles étaient un abri.

Quand je cuisinais avec elle, je ne comprenais pas encore. Je suivais ses gestes, ses silences. Aujourd'hui, je sais. Elle me léguait une forme de paix. Une manière d'exister sans grand fracas, mais avec noblesse. Mémé cousait la paix dans les ourlets et la patience dans la pâte à crêpes. Et c'est ainsi qu'elle a survécu à tout, en laissant dans chaque plat une étoffe de consolation.

Lala, la mémoire henné

Lala, ma grand-mère marocaine, est un livre de chair et de henné. Un manuscrit vivant, dont les mains parlent mieux que les mots. Elle n'a pas besoin d'écrire, pas besoin d'expliquer. Elle raconte avec ses doigts, avec ses plats, avec ses silences. Elle m'a élevée à la manière des figuiers : lentement, mais avec racines profondes.

Je me souviens de son dos, large et chaud, sur lequel je m'endormais, bercée par le balancement de ses pas dans les ruelles de Marrakech. Elle sentait la fleur d'oranger et l'argile chaude. Elle me parlait dans cette langue qui roulait comme un torrent de montagne, le darija des montagnes, des femmes, des douleurs contenues. Un dialecte rugueux, mais dont chaque mot cachait une caresse.

Lala m'a appris à aimer la cuisine comme un acte sacré. Elle m'a montré que la tendresse peut se transmettre avec trois doigts plongés dans un plat brûlant, que la foi se mesure à la délicatesse d'une feuille de brick. Elle faisait du boulfaf comme d'autres récitent des sourates. Avec une dévotion paisible. En-

rouler le foie dans la crépine, l'enfiler sur les brochettes, c'était pour elle une liturgie. Et quand elle disait « Mange, c'est pour toi », c'était comme si le monde entier m'était offert, enveloppé dans la graisse grillée.

Ses mains, je les vois encore. Grandes, veinées, ridées, mais agiles. Elles pétrissaient, massaient, soignaient. Elles ne portaient pas de bagues. Elles portaient l'histoire. Quand je regarde les miennes aujourd'hui, je me demande si un peu de sa sagesse s'est logée sous mes ongles.

Lala, c'était la maison qui sent bon. Le henné, la pastilla, les dattes farcies, les couscous du vendredi. Mais c'était surtout un amour inconditionnel, brûlant, maternel, qui ne demandait rien, mais qui donnait tout.

Aujourd'hui, quand je cuisine ses keftas pour Gabriel, je me surprends à parler comme elle. À insister pour qu'il mange, à lui raconter des histoires pendant qu'il mâche. Et parfois, je l'entends me répondre comme si c'était elle, revenue dans le corps d'un enfant.

Lala, ma mémoire henné. Celle qui m'a brodée dans le ventre du Maroc. Celle qui a fait de moi une femme debout, même dans l'absence. Celle qui continue, à chaque bouchée, à me murmurer : « Ma fille, la cuisine, c'est l'amour. Le vrai. Celui qui reste quand tout s'efface. »

Les recettes comme lettres d'amour

Il m'a fallu du temps pour le comprendre, mais aujourd'hui je le sais : chaque plat évoqué dans ce livre est une lettre. Une lettre d'amour. Une lettre non envoyée, non timbrée, non signée. Une lettre qu'on laisse mijoter à feu doux, qu'on enveloppe dans de la semoule fine ou qu'on saupoudre de sucre glace.

Le poulet aux olives et citron, c'est la lettre de mon père à sa propre mère, celle qu'il n'a jamais su écrire autrement que par la patience de la vapeur. La blanquette de veau, c'est le murmure de Mémé à ses filles disparues, un « je vous aime » noyé dans le bouillon, réchauffé au fond des souvenirs. Les galettes de sarrasin, les crêpes légères de Catherine, ses soupes où elle traçait des cœurs invisibles à la louche, étaient autant de petits poèmes domestiques, dont le silence faisait office de papier à lettres.

Je ne les ai pas apprises dans des livres. Je les ai apprises avec les yeux et le cœur, dans la transmission muette des gestes. Dans la lenteur d'un oignon qui dore, dans le balancement d'une cuillère en bois. J'ai appris à aimer avec mes mains, à pleurer en goûtant un plat réussi, à me rappeler qu'un gratin peut consoler, qu'un tajine peut pardonner, qu'un œuf mimosa peut reconstruire ce qui semblait perdu.

Les recettes sont nos archives. Elles ne disent pas tout, mais elles contiennent l'essentiel. Une manière de couper le persil, de faire revenir le foie, de touiller une pâte sans la brusquer... C'est ainsi que les absentes me parlent. Sans voix, mais avec insistance. Elles me disent : « N'oublie pas que nous t'avons aimée, même si nous n'avons pas eu le temps de tout te dire. »

Chaque plat devient alors un acte d'écriture. Une déclaration. Une réconciliation. Une offrande. Je cuisine comme on écrit un mot d'adieu ou de bienvenue. Comme on dit « je t'aime » sans oser le prononcer. Chaque recette dans ce livre est une lettre qu'on déplie avec les doigts, qu'on lit avec le nez, qu'on savoure avec la gorge serrée.

Et quand Gabriel me demande : « C'est quoi cette odeur, Maman ? », je sais que je suis en train de lui lire une page.

L'histoire au bout de la cuillère

Il n'y a pas que l'histoire de ma famille dans ce livre. Il y a aussi l'Histoire, la grande. Celle qui s'écrit dans les livres, avec des dates, des guerres, des exils. Celle qui raye des prénoms sur des passeports, qui déracine les enfants, qui impose le silence à ceux qui parlaient trop haut.

Mais il y a aussi l'autre Histoire, la petite. Celle qu'on raconte en nouant un tablier. Celle qui se transmet au coin du feu. Celle qui commence dans une cuisine, entre deux générations, deux continents, deux façons de tenir une cuillère. C'est cette Histoire-là qui m'intéresse. Celle qui n'a pas de drapeau, mais beaucoup de saveurs.

Dans ce livre, j'ai voulu dire qu'un couscous peut contenir un exil. Qu'un bol de soupe peut porter le poids d'une guerre. Qu'un gâteau de semoule peut être un acte de résistance. L'histoire de ma famille est une alliance de Bretagne et de Marrakech. Un mariage entre les vents du nord et les soleils du sud. Entre la pudeur de Mémé et la ferveur de Lala. Entre le beurre salé des galettes et l'huile dorée des bricks.

Je suis née dans cette brèche. Fille d'une mère bretonne qui fredonnait du Otis Redding en faisant la pâte, et d'un père marocain qui écrivait des recettes comme d'autres érigent des mausolées. Je suis le fruit de ce tissage, de cette couture délicate entre deux mémoires, deux territoires, deux douleurs.

Et si ce livre existe, c'est pour cela. Pour donner une voix aux silences. Pour raconter l'Histoire autrement. Avec des herbes. Des ustensiles. Des souvenirs à cuire à feu doux. L'Histoire n'est pas toujours dans les manuels. Elle est parfois au bout d'une cuillère.

Le feu de la transmission

À Gabriel. Mon fils aux yeux mixtes grandit dans cette cuisine-bibliothèque. Tu lis La Maman Éléphant *en trempant ta madeleine dans du thé à la menthe. Tu ne le sais pas encore, mais tu portes déjà tout cela en toi. La Bretagne dans ton appétit de beurre salé, le Maroc dans tes yeux qui brillent quand tu vois un tajine. Tu es l'héritier sans le savoir d'un royaume invisible, fait de petits gestes et de grandes absences, de rituels discrets et d'émotions trop grandes pour être dites autrement qu'en goûtant.*

Un jour, tu liras ce livre. Et tu comprendras peut-être que ce que je t'ai transmis n'était pas qu'un savoir-faire. C'était un feu. Un feu sacré. Pas celui qui brûle, mais celui qui éclaire. Celui qui réchauffe les maisons, les cœurs, les mémoires. Celui que ton grand-père entretient avec soin, quand il prépare son couscous. Celui que ta grand-mère, Catherine, t'a laissé dans le parfum d'une soupe d'amour. Celui que Lala gardait dans ses mains tachées de henné, pour qu'il ne s'éteigne jamais.

Ce livre, c'est ton héritage. Non pour le répéter à l'identique, mais pour le réinventer sans le trahir. Pour inventer des plats nouveaux, mais en gardant la main douce. Pour parler d'amour avec des oignons et de mémoire avec du cumin. Pour que, toi aussi, un jour, tu puisses dire à l'enfant que tu porteras : « Voilà d'où tu viens. »

Transmettre, ce n'est pas répéter. C'est allumer une mèche dans un cœur nouveau.

Alors prends, Gabriel. Prends ce flambeau parfumé. Pétris-le, goûte-le, parfume-le à ta manière. Mais garde au fond de toi cette voix qui dit : « L'amour, c'est ce qui mijote lentement, ce qui ne se mesure pas, mais qui nourrit pour toujours. »

Et souviens-toi : une cuisine, quand elle est pleine d'odeurs et de souvenirs, est un temple. Garde-la vivante.

Une dernière pincée de sel

Il faut toujours une dernière pincée de sel.

Pas pour le goût. Pour la mémoire. Ce geste, presque invisible, presque superflu, vient dire que le plat est prêt, que le souvenir est complet, que l'amour a été mesuré, remué, mijoté, et qu'il peut maintenant être offert. C'est une bénédiction, une ponctuation, un murmure final : « Voilà, c'est pour toi. »

Je conclus ce livre avec cette certitude qui ne m'a jamais quittée, même dans les jours de doute, même dans les nuits blanches : nous ne sommes jamais orphelins tant que nos plats ont le goût de l'amour. Tant qu'une crêpe a la tendresse d'un souvenir d'enfance. Tant qu'un tajine contient la voix d'une femme à l'autre bout de la Méditerranée, une voix qu'on entend au moment où l'on lève le couvercle. Tant qu'un enfant dit « Maman » entre deux bouchées, avec la bouche encore pleine et les yeux brillants, alors le monde tient bon.

Les recettes ne sont pas faites que pour les livres. Elles sont faites pour les absents. Pour les faire revenir, un instant. Pour les faire s'asseoir à côté de nous, sans bruit. Pour qu'ils reprennent leur place à table, là où ils nous ont tant manqué.

Chaque plat réussi est une main tendue vers l'invisible. Une manière d'aimer dans le silence. Un acte de foi.

Alors j'écris cela, comme on serre quelqu'un très fort : tant que l'amour circule à travers une pâte levée, une semoule roulée, une soupe doucement mixée, rien n'est tout à fait perdu.

Et même si nos bras sont vides, nos assiettes peuvent encore se souvenir.

À table, les absentes sont là

Alors oui, je l'écris aujourd'hui, sans trembler, de ma voix entière, parfois brisée, souvent debout : ma cuisine est peuplée de fantômes lumineux. Et chaque fois que je cuisine, je les invite à table.

Mémé s'installe près de la fenêtre, là où la lumière bretonne filtre doucement, là où ses mains aimantes repliaient les serviettes en tissu avec une rigueur pleine de tendresse. Lala, elle, choisit la place près du pain chaud, parce qu'elle aime surveiller les premières bouchées, et dire : « Doucement, habibti, ça brûle. » Catherine ne s'assoit pas tout de suite. Elle s'attarde près du four, touche le bord d'un plat, replace un bouquet de thym comme on lisse une mèche d'enfant. Puis elle s'assoit à son tour, en silence. Ses yeux font le reste.

Elles sont là. Toutes les trois. Et parfois d'autres encore. Ma tante Soumia qui chante doucement, mon grand-père que je n'ai pas connu, mais dont on m'a tant parlé. Ils ne mangent pas. Ils regardent. Ils veillent. Et moi, je leur sers ce que j'ai appris d'elles. Je leur sers la tendresse en plat principal, l'attention dans la cuisson, la mémoire dans l'assaisonnement. Et en dessert, je leur sers l'éternité. Celle qui ne pèse rien, mais qui reste collée au cœur comme une douceur trop chaude.

Et quand Gabriel se met à rire, à manger avec ses doigts, à lécher une cuillère avec sérieux, je sais qu'il est en train, sans le savoir, de les rencontrer.

Ma cuisine n'est pas un lieu. C'est une chapelle. Un théâtre d'ombres et de saveurs. Une table dressée pour les vivants et les absents, pour les souvenirs et les recommencements.

C'est là que je les retrouve. Pas dans les albums photos. Pas dans les prières. Dans les plats.

Alors je cuisine. Et je les invite. À chaque fois. Sans fin.

Merci à mes deux grands-mères, Mémé, la Bretonne, et Lala, la Marocaine.

Merci à ma mère d'incarner son absence avec grandeur.

Merci à mon père pour son soutien dans ce projet d'écriture et pour le partage de ses souvenirs.

Merci à mon fils Gabriel pour sa curiosité et son amour.

Merci à Marion AUPIED pour la réalisation de l'ensemble des illustrations.

Merci à Murielle NEVEUX pour la réalisation de la maquette finale et sa relecture.

INDEX DES RECETTES

Entrées et salades

Escargots à la bourguignonne	*264*
Œufs mimosa revisités, thon blanc et ail noir	*37*
Grande salade de Lala	*140*
Salade d'aubergines épicée	*143*
Salade de lentilles de Lala	*147*
Salade marocaine chaude de poivrons et tomates	*151*

Soupes

Harira de Lala et Maria	*191*
Soupe à l'oignon traditionnelle bretonne	*245*
Soupe de poisson façon cotriade	*52*

Plats uniques

Couscous de Lala	*157*
Crêpes farcies au fromage frais et épinards	*231*
Hachis Parmentier à la viande	*237*
Quiche au fromage	*225*
Saucisses au chou et ses pommes de terre vapeur	*69*

Poissons et fruits de mer

Daurade grise aux légumes	*281*
Palourdes au beurre maître d'hôtel	*43*
Saint-Jacques sauce hollandaise	*47*

Viandes

Blanquette de veau	*81*
Brochettes de kefta	*161*
Gigot d'agneau à l'ail et au romarin	*76*
Pavé de bœuf à la salicorne	*93*
Poulet aux pruneaux et amandes dorées	*165*
Poulet rôti de Mémé	*89*
Tajine d'agneau aux gombos	*173*
Tajine de poulet au citron confit	*169*
Tajine de veau aux artichauts	*177*
Tajine de veau aux carottes	*185*
Tajine de veau aux petits pois	*181*
Tanjia marrakchia de mon père	*289*

Légumes et accompagnements

foul mchermel – fèves fraîches de Lala	*133*
Riz à la tomate revisité par mon père	*267*
Soufflé d'artichaut camus de Bretagne	*63*

Desserts et pâtisseries

fakkas de Lala – Biscuits croquants aux amandes	*207*
far aux pruneaux façon Mémé	*107*
fraises au sucre et glace vanille de Mémé	*97*
Le kika de Lala – Cake marocain à l'orange	*199*
Poires Belle-Hélène de Mémé	*101*

SOMMAIRE

Préambule   9

Ma petite étoile, par Fouad El Mazouni   15

I. Souvenirs et recettes de Mémé, ma grand-mère bretonne   25

Mémé, gardienne des tempêtes et des saveurs   27
Les fleurs du souvenir : Une visite à la tombe de Maman   31
L'épopée d'un classique : l'œuf mimosa   35
   Œufs mimosa revisités, thon blanc et ail noir   *37*
Mon pépé, marin breton et héros de la liberté   41
Les Saint-Jacques de Mémé   45
   Saint-Jacques sauce hollandaise   *47*
La cotriade de Mémé : Un voyage au cœur de la Bretagne   49
   Soupe de poisson façon cotriade   *52*
Carnac, le visage heureux de l'été   55
Le marché du jeudi à Binic : Un festival de couleurs et de saveurs   59
   Soufflé d'artichaut camus de Bretagne   *62*
Les galettes craquantes de Mémé   65
   Saucisses au chou et ses pommes de terre vapeur   *69*
Le gigot de Mémé   73
   Gigot d'agneau à l'ail et au romarin   *76*
La blanquette de veau unique de Mémé   79
   La blanquette de veau de Mémé   *81*
Le poulet du dimanche : Une recette, une mémoire   85

Recette du poulet rôti de Mémé	*89*
Pavé de bœuf à la salicorne de Mémé	91
Pavé de bœuf à la salicorne	*93*
Les bonnes fraises du jardin de Mémé	95
fraises au sucre et glace vanille de Mémé	*97*
Poires Belle-Hélène	99
Poires Belle-Hélène : La recette traditionnelle de Mémé	*101*
Le far breton : Une histoire de tradition et de douceur partagée	105
far aux pruneaux façon Mémé	*107*
Un dimanche de Pâques à Marrakech	111
Le goût du silence, une transmission bretonne	*115*

II. Souvenirs et recettes de Lala, ma grand-mère marocaine   *119*

Les mains de Lala	*121*
La cuisine de Lala : Une mémoire vivante	125
Les souks de Marrakech : Une danse d'odeurs et de souvenirs	129
foul mchermel - fèves fraîches de Lala	*133*
La grande salade de Lala	137
Recette de la grande salade de Lala	*140*
Salade d'aubergines épicée	*143*
Salade de lentilles de Lala	*147*
Salade marocaine chaude de poivrons et tomates	*151*
Le couscous du vendredi : Une tradition sacrée	155
Recette du couscous de Lala	*157*
Brochettes de kefta pour le pique-nique du dimanche	*161*
Poulet aux pruneaux et amandes dorées	*165*
Tajine de poulet au citron confit	*169*
Tajine d'agneau aux gombos	*173*

Tajine de veau aux artichauts	*177*
Tajine de veau aux petits pois	*181*
Tajine de veau aux carottes	*185*
La harira de Lala : Une soupe préparée avec amour	189
La harira de Lala et Maria	*191*
L'Aïd chez Lala	195
Le kika de Lala – Cake marocain à l'orange	*199*
Le rituel du thé à la menthe	203
Fakkas de Lala – Biscuits croquants aux amandes	*207*
Les racines et les étoiles... L'héritage d'une grand-mère marocaine	211

III. Souvenirs et recettes de mes parents, Catherine, ma mère bretonne et Fouad, mon père marocain   215

Les carnets de ma mère : Recettes d'un amour retrouvé	217
La mémoire des fromages	221
Quiche au fromage	*225*
Les crêpes de l'Absente	229
Crêpes farcies au fromage frais et épinards	*231*
Le fameux hachis Parmentier de ma mère	235
Hachis Parmentier à la viande	*237*
Une soupe, des souvenirs	243
Soupe à l'oignon traditionnelle bretonne	*245*
Ma première soupe de bébé	249
Mes vacances à Agadir	253
Comment mon père a appris à cuisiner avec le cœur	257
Les escargots de Marrakech	261
Les escargots à la bourguignonne, une recette que mon père tient de ma mère	*264*

Le riz à la tomate, un plat familial, revisité par mon père	*267*
Le marché de gros des fruits et légumes de Marrakech	271
L'héritage culinaire de mon père : Saveurs et mémoires du Maroc	275
Le goût de Fibi, la main de mon père	279
Daurade grise aux légumes	*281*
Avec mon père, chez le boucher	285
La tanjia marrakchia de mon père	*289*

Épilogue   *293*

Remerciements   *307*

INDEX DES RECETTES   309